Colorful wonderland, OKINAWA!

COLOR✛ PLUS

沖繩
慶良間群島

Ready to go!

人人出版

早安
今天要做什麼？

#晨間瑜珈 #沖繩海灘瑜珈　≫P.133

#公路休息站 許田

#沖繩美麗海水族館　≫P.36

#水果塔　≫P.106

#宜野灣熱帶海灘　≫P.98

2

啟程吧！
來一場沖繩
體驗之旅！

#鬆餅　》P.81

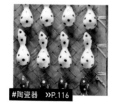

#陶瓷器　》P.116

#絕景道路　》P.103

#五彩繽紛馬卡龍　》P.78

外表和
「內在」都出色

#彩色三明治 #CAFE GOZZA　≫P.99

我們是熱門沖繩名產三人組，

燉豬肉、排骨麵、雜炒。

（右起）美麗藍海「慶良間藍」展現在眼前的慶良間群島（≫P.134）、Gangara山谷巨大而莊嚴的聖樹（≫P.100）、在古宇利島發現愛心（≫P.102）、萬綠當中佇立風獅爺的備瀬福木林道（≫P.40）

以往從來沒有看過，
這就是全新的沖繩。

（右起）從早到晚人潮洶湧的國際通（▶P.46）、使用沖繩縣產食材的義式冰淇淋也格外五彩繽紛（▶P.109）、說到鯨鯊就要來這裡看，沖繩美麗海水族館（▶P.36）、在田中果實店發現冰涼的彩虹爆炸頭（▶P.20）、想要閃閃發光的沖繩工藝品就到Glass Art Ai（▶P.117）

純天然的色彩就是這麼鮮豔。

#五彩繽紛的貝殼 #古宇利海洋塔

來吧，明天
能夠遇到什麼呢？

#殘波岬公園 #黃昏

（右起）從瀨長島海風露臺也能看到羅曼蒂克的黃昏景致（▶P.108）、到霓虹燈鮮豔的SEA SIDE DRIVE-IN來一客重磅牛排，享受沖繩的美式風味（▶P.85）

018 |

020 |

022 |

024 |

027 |

028 |

030 |

032 |

What do you feel like doing?

016 OKINAWA MAKES ME HAPPY
現在沖繩讓人開心的事

034 MUST SEE, MUST VISIT
沖繩之旅「最佳景點」就在這裡！

067 | 　076 | 　078 | 　090 |

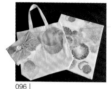

096 | 　110 | 　116 | 　129 |

icon	☎ 電話號碼	休 休息日・休館日	⬆ 營業、開館時間	¥ 費用
	📍 所在地	🚌 交通方式	P 停車場	MAP 地圖刊登頁數	®R 建議預約

※使用本書之際，請收看P.158的「本書使用注意事項」

#熱門咖啡廳 #適合拍照

📍 the Sea ≫P.77

#美麗海灘 #南國假日

📍 瀨底海灘 ≫P.89

#琉球王國的中樞 #世界遺產

📍 首里城公園 ≫P.60

#個性派陶瓷器 #私藏

📍 シマシマポタリ ≫P.116

WELCOME TO OKINAWA 沖繩
KERAMA ISLANDS 慶良間群島
Get Ready!

#當地廚房 #沖繩特色

📍 第一牧志公設市場 ≫P.58

#慶良間藍 #離島海灘

📍 古座間味海灘 ≫P.136

#瀨長島 #露臺商店

📍 沖繩手作リジェラート yukuRu ≫P.109

#北部兜風 #絕景大橋

📍 古宇利大橋 ≫P.102

PICK UP!

SANS SOUCI ≫P.76

沁涼一夏☆

南國沖繩的樂趣就在冰涼甜點。SANS SOUCI的夏季限定西印度櫻桃刨冰一定要吃吃看。

外國人住宅商店 ≫P.106

好可愛！

港川區林立由外國人住宅翻修成的時尚商店和咖啡廳。

中部

首里そば ≫P.64

好吃

不用製麵機，堅持手打的沖繩麵。有時開店兩小時就賣完了。

國際通 ≫P.46

尋找伴手禮

從划算的分送用伴手禮到出色的沖繩工藝品應有盡有，要挑伴手禮就來這。

那霸、首里

渡嘉敷海灘 ≫P.140

位在渡嘉敷島的海灘透明度非凡，運氣好的話還會遇到海龜！

慶良間藍！

賞鯨行程 ≫P.137

觀賞來到近海的座頭鯨，活動只限冬季。

魄力非凡！

ISLANDS
慶良間群島

食堂かりか ≫P.19

南部很多海濱咖啡廳。位在新原海灘的食堂かりか能在用餐的同時觀賞海景。

海近在眼前

南部

備瀨福木林道 ≫P.40

福木林道會保護民宅不受強風侵襲。碧綠隧道綿延的景觀煞是好看。

綠意盎然

北部

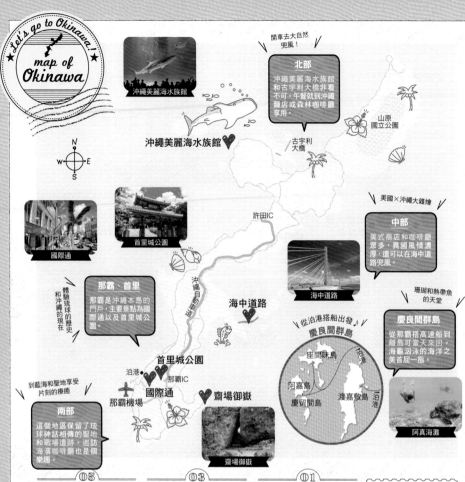

Let's go to Okinawa!
map of Okinawa

沖繩美麗海水族館

開車去大自然兜風！

北部
沖繩美麗海水族館和古宇利大橋非看不可。午餐就到沖繩麵店或森林咖啡廳享用。

山原國立公園

沖繩美麗海水族館 ♥

古宇利大橋

N W E S

許田IC

美國×沖繩大雜燴

中部
美式商店和咖啡廳眾多，異國風情濃厚，還可以在海中道路兜風。

海中道路

首里城公園

國際通

體驗琉球的歷史和沖繩的現在

那霸、首里
那霸是沖繩本島的門戶，主要景點為國際通以及首里城公園。

沖繩自動車道

海中道路

珊瑚和熱帶魚的天堂

慶良間群島
從那霸搭高速船到離島可當天來回。海龜泅泳的海洋之美首屈一指。

從泊港搭船出發♪

慶良間群島

座間味島

阿嘉島

慶留間島

渡嘉敷島

泊港

到藍海和聖地享受片刻的療癒

首里城公園

泊港
那霸IC

南部
這個地區保留了琉球神話相傳的聖地和戰場遺跡。巡訪海濱咖啡廳也是個樂趣。

國際通
那霸機場

齋場御嶽 ♥

阿真海灘

齋場御嶽

05
標準行程是三～四天

三天兩夜即可遍覽從南部到北部的主要觀光景點。詳情參見P.14-15的範例旅遊計畫。

03
大眾運輸為路線巴士和Yui-Rail

要在那霸市內觀光，可以利用連接那霸機場和首里的單軌電車「Yui-Rail」。那霸市以外的大眾運輸不便，建議旅遊時租車代步。

01
沖繩是高溫多溼的亞熱帶氣候

一年四季的變化不大，感覺只有長夏和短春兩季。一年當中約有8個月的平均氣溫超過20度，舒適宜人。

06
與年度活動息息相關的「舊曆」

沖繩的祭祀和年度活動繼承了琉球王國時代的傳統，至今仍按舊曆舉行。許多店舖會在舊曆盂蘭盆節公休，要事先查詢營業時間。

04
颱風來了該怎麼應變？

要擔心的是飛機班班。個人自訂機票時，要是去程班機停飛，就要取消旅程或延期；要是回程班機停飛，則要在航空公司辦理變更航班的手續。

02
要怎麼暢遊冬季的南方島嶼？

從12月到4月最推薦賞鯨行程。1月櫻花盛開，2月各地會舉辦可參觀的職棒訓練營。

行前小知識

沖繩本島的地域性因區域而異，可看之處和魅力也各有不同。要配合日期選擇想去的地區，再制訂旅遊計畫。還要了解颱風、舊曆盂蘭盆節及其他季節特徵。

Have a
Nice Trip!

行前須知

TOPICS

Okinawa
Kerama Islands

play **青之洞窟的最佳觀賞時段在早上**

沖繩的青之洞窟位於真榮田岬，洞深約40公尺。隨著海水透明度和陽光狀況不同，閃耀的景致就會依早晨、中午及傍晚而異。海水藍顯眼的時段在早晨，出入人數不多，可以悠閒觀賞。另見>> P.92。

traffic **沖繩計程車價格實惠！**

沖繩計程車價格實惠，費用標準為小型車¥560起跳，從那霸機場到國際通約¥1,400，到首里城公園約¥2,200。那霸市內的流動計程車也很多，觀光搭乘不用說，逛街時也是方便的代步工具。

see **沖繩美麗海水族館建議一開館就去**

假如想要快速巡訪主要看點，建議趁早上一開館就去。剛開館時遊客較少，能夠順暢移動。主水槽「黑潮之海」的水質也很清澈，最適合觀賞。如夢似幻的藍色世界格外美麗。

traffic **Yui-Rail 要用QR 碼驗票**

上車時將買到的車票輕觸驗票機感應的部分，通過驗票口。下車時也一樣輕觸，再把車票丟進設置的回收箱。也可以使用ICOCA和Suica之類方便的交通IC卡。

traffic **想省旅費也可搭廉價航空**

廉價航空的魅力在於航空費比大型航空公司還便宜。從日本全國飛往沖繩的廉價航空有捷星和樂桃這兩家，登機手續要透過自助報到機，出發時間30分鐘前就要辦理完畢。即使遲到1分鐘也不能搭乘，要留意時間。

see **琉球文化也登錄世界遺產！**

2000年登錄聯合國教科文組織世界遺產的「琉球王國的御城與相關遺產群」，是從數眾多的古蹟當中，選出以首里城跡為首的5座御城，與齋場御嶽等4座相關遺跡。御城皆位於高臺，視野出色。租車花2天左右即可遍覽這9個景點。

❶今歸仁城跡
　P.42

❺首里城跡
　（首里城公園）
　P.60
❻園比屋武御嶽石門
　P.61
❼玉陵

❷座喜味城跡

❸勝連城跡

❹中城城跡

OKINAWA

❽識名園

❾齋場御嶽
　P.104

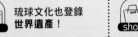
shop **逛超市必帶環保購物袋**

假如想買當地特有的伴手禮，又便宜且品項豐富的超市就會很方便。不過塑膠袋要另外收費，建議帶袋子去。也可以到雜貨店等地購買喜歡的購物袋當作給自己的伴手禮，在沖繩使用。

shop **活用方便的沖繩便利商店**

沖繩的便利商店商品充滿當地特色。雜炒、塔可飯便當、豬肉蛋飯糰、香片茶及其他沖繩限定商品眾多，還有袋裝金楚糕和杯裝泡盛酒之類的貼心伴手禮。另見>> P.124。

shop **到 DFS 旗下沖繩 T 廣場免稅購物**
MAP 附錄 P.6 B-3

DFS旗下沖繩T廣場集合世界150種以上的頂級品牌，是日本唯一在國內旅行卻能免稅購物的商店，從那霸機場出發到縣外的人均可利用。直通Yui-Rail的おもろまち站，交通也很方便。

SEASONAL CALENDAR

北風吹送的日子
體感溫度會下降

這段時期可能會
形成大型颱風

6月下旬梅雨結束後
正式進入夏天！

這段時期舒適宜人，
當地稱為「潤旬」

	2月	1月	12月	11月	10月	9月	8月	7月	6月	5月	4月	3月
	淡季	櫻花盛開	冬季	氣候穩定	海水浴開放	颱風時期	最佳旅遊季	梅雨季開始&結束		海灘開放	氣候穩定	
日出	7:14	7:16	6:59	6:38	6:21	6:09	5:54	5:40	5:37	5:52	6:21	6:53
日落	18:12	17:49	17:37	17:48	18:17	18:50	19:17	19:26	19:18	19:01	18:46	18:31
那霸的平均氣溫	17.5	17.3	19.0	22.5	25.5	27.9	29.0	29.1	27.2	24.2	21.5	19.1
那霸的降雨量	114.5mm	101.6mm	110.0mm	119.1mm	179.2mm	275.2mm	240.0mm	188.1mm	284.4mm	245.3mm	161.0mm	142.8mm

氣溫 (℃) 刻度：35 30 25 20 15 10 5 0

當季食材

苦瓜（4～7月）

鳳梨（6～8月）

百香果（4月中旬～7月）

火龍果（7～9月）

芒果（7～8月上旬）

紅鳳菜（11～5月）

> 芒果、鳳梨等食材的產季在夏天，期間氣候炎熱，建議在公路休息站或日本農協店家等地一次買齊再裝箱寄出。

紅鳳菜（11～5月）

服裝&建議用品

2月	1月	12月	11月	10月	9月	8月	7月	6月	5月	4月	3月
厚外套	羊毛大衣		開襟衫	短袖襯衫		吊帶連身裙		雨傘 涼鞋			長袖連帽上衣

披肩 · 長袖襯衫 · 帽子 · 太陽眼鏡 · 短袖 · T恤

當季景貌

新年
沖繩的年菜料理以豬肉為主。新年沒有食用年糕湯的習慣，除夕則會吃沖繩麵跨年。

十五夜
舊曆8月15日的夜間活動。沖繩不像日本本土拿賞月糰子祭拜，而是供奉撒滿紅豆的橢圓形麻糬吹上餅。

舊曆盂蘭盆節
舊曆7月13～15日舉辦的沖繩三大活動之一。聚落會有哎薩舞遊行，許多店舖也會在這時候公休。

海灘派對
帶啤酒、肉及料理到海灘上享用BBQ。吃吃喝喝才是目的，游泳的人很少。

清明祭
於舊曆3月舉行。親戚聚集在祖先墳墓旁，供奉重箱料理祭拜之後，就聚在墓前一起食用。

季節活動

12月上旬
那霸馬拉松
賽跑路線橫跨那霸市、豐見城市、糸滿市等共五座市町，是日本參加人數規模最大的活動。

8～9月為期3天
沖繩全島哎薩祭
以沖繩市的KOZA運動公園為中心，展現傳統舞步與創新跳法豐富多姿的哎薩舞。

5月上旬
那霸龍舟賽
那霸的夏季景貌。龍型爬龍船競賽是在那霸港新港碼頭舉行。

※日出和日落為那霸2022年每月1日的預測資料(源自海上保安廳官網)，平均氣溫和降雨量為1991~2020年的平均資料(源自氣象廳官網)。活動資訊為2022年7月時的資訊，可能中止或變更，請事先核對。

13

沖繩大滿足 PLAN

Naha・Shuri 那霸首里

Chubu 中部
Hokubu 北部
Nambu 南部

3天2夜火力全開

遊覽沖繩的現在！

Let's Go!

以下介紹3天樂遊時下沖繩的私藏推薦行程計畫。

第1天 到首里和中部樂遊時下沖繩

POINT
那霸和中部地區匯集了沖繩的「時興要素」。
盡情享受美食、逛街購物和度假吧。

10:00 ✈ 抵達那霸機場

lunch!

11:30 到時尚餐廳享用島嶼蔬菜午餐

個性五花八門

食堂faidama ≫P.55

浮島ガーデン ≫P.54

13:00 在世界遺產首里城到處逛

首里城公園 ≫P.60

必看世界遺產首里城公園

sweets!

14:30 到港川外國人住宅商店買東西＆喝咖啡

也可當伴手禮◎

耳環好可愛♪

PORTRIVER MARKET ≫P.114

外觀也可愛的幸福鳥莎布蕾酥餅

[oHacorté]港川本店 ≫P.106

16:30 入住西海岸度假飯店＆體驗度假設施

Marine activity

Yoga

Spa

THE BUSENA TERRACE ≫P.129

月亮海灘 ≫P.90

沖繩蒙特利水療度假酒店 ≫P.132

沖繩島麗思卡爾頓水療中心 ≫P.127

留宿西海岸飯店

good night!

提早入住，品味度假飯店獨有的奢華時光。

14

第3天 為南部美麗的海景所感動

POINT
就近感受蔚藍海洋的旅途時光

Breakfast

10:00 開心吃鬆餅當早餐
C&C BREAKFAST OKINAWA ▶▶P.81

就靠這一盤補充精力

12:00 前往琉球至尊聖地齋場御嶽
這是世界遺產！
齋場御嶽 ▶▶P.104

Sweets!

13:30 到海濱咖啡廳享受療癒的片刻
NICE VIEW
食堂かりか ▶▶P.19
浜辺の茶屋 ▶▶P.68

15:30 旅程的最後在瀨長島海風露臺悠哉閒晃
提升度假氣氛♪
瀨長島海風露臺 ▶▶P.109

逛街購物＆下午茶時間

那霸機場 ✈

Beach OKINAWA

yukuri

第2天 巡訪水族館周邊＆盡情享受那霸之夜

POINT
從沖繩美麗海水族館一路玩到本島最美絕景古宇利大橋

9:00 一早前往沖繩美麗海水族館
觀賞五彩繽紛的魚
沖繩美麗海水族館 ▶▶P.36

Lunch!

11:00 令人期待的沖繩麵
山原そば ▶▶P.44

12:30 前往最佳觀景時段的古宇利大橋
古宇利島Tinu海灘的拍照時刻
古宇利大橋 ▶▶P.102

Sweets!

15:00 吃點冰的消消暑
沖繩的彩虹刨冰？
ひがし食堂 ▶▶P.72
南國水果盛到滿
松田商店 ▶▶P.70

Dinner!

18:00 到國際通一帶吃晚餐＆尋找伴手禮
うりずん ▶▶P.57
琉球民芸ギャラリー鍵石 久茂地店 ▶▶P.51
御菓子御殿國際通り松尾店 ▶▶P.118

留宿那霸市內的飯店 good night!

陽光田欄灑下，
紅瓦屋頂在下，
守護神風獅爺
祝你旅途愉快♪

現在沖繩讓人開心的事。

Okinawa makes me Happy

榮用窯
えいようがま

» MAP 附錄 P.8 A-2

到海邊享受美味的幸福♪

海濱咖啡廳 × 島嶼時光

從心靈開始獲得療癒

LOCAL's ADVICE

沖繩青空藍海的天然沙灘上，
有間小小的咖哩咖啡廳。
請務必在此享受幸福的旅途
時光！

現居沖繩的能幹編輯
Masayuki Sesoko

純天然海灘分布在本
島南部。還有鄰近聖地
齋場御嶽和久高島的地方。
海灘上洋溢著純粹而悠哉
的氣氛。集中在南城市國道
上，正是所謂沙灘咖啡廳！

331號周圍的咖啡廳，能
夠眺望南部美麗的海景，度
過清閒時光。其中的食堂か
りか位在新原海灘的沙灘

是先在店門口點餐，
再到沙灘的桌椅上享用

這裡採取的方式，

到終極沙灘咖啡廳
品嚐正宗尼泊爾料理

食堂かりか

18

Order here

食堂 かりか

OPEN

Eat here

LET'S EAT!

1. 兩種咖哩附飯、迷你沙拉、印度優格奶昔或印度奶茶
2. 飾有貝殼的輕食店風格店面
3. 桌子擺在沙灘上

かりか特餐
¥ 1,350

OPEN

Oriental

Flower

LET'S EAT!

菠菜雞肉咖哩
¥ 1,000

4

沖繩的天然海灘♪

HA HA HA

NAMASTE

食堂かりか
しょくどうかりか

位在新原海灘的咖哩兼尼泊爾料理店，桌椅擺在海邊帳篷下的簡潔風格令人耳目一新。尼泊爾主廚傑西先生在印度學藝達10年以上，所製作的咖哩滋味香辣又層次豐富。

南部 ▶ **MAP** 附錄 P.5 D-3

☎ 098-988-8178　休 週三（視時期而異）　□ 10:00～21:00（視時期而異）　♀ 南城市玉城百名1360　♀ 南風原南IC 10km　P 15輛

6

食堂 かりか Beach CAFE

食堂 かりか

P

4. 以菠菜糊為基底的咖哩醬口感溫和
5. 沙灘上引人注目的手寫招牌
6. 新原海灘的淺海上矗立著波浪刻蝕的巨岩

從16種口味中挑選喜歡的3種

tips

A

tips

蔬果昔甜度恰到好處，以南國水果裝飾

B

Special
2

吃掉太可惜

讓人一見鍾情♡

五彩繽紛 × 甜點

造型可愛的甜點，讓人想在品嚐之前拍張照。

LOCAL's ADVICE

現居沖繩喜愛甜點的模特兒

Hanae Sunagawa

島嶼蔬菜和南國水果具備鮮豔的色彩。許多齊聚在沖繩的可愛甜點，宛如將五彩繽紛的世界直接鎖在容器裡。五顏六色的美味誘惑引人入勝，來吧，你想選哪一個？

要不要吃點冰的消消暑啊？

彩虹色可愛冰店

C **okinawasun**
オキナワサン

這家店會使用購於當地農家的水果製成蔬果昔。由於採用當令盛產水果，因此蔬果昔口味會依時期而不同。外帶專店。

北部　▶MAP 附錄 P.19 B-2

☎090-9473-0909
🗓週日、一
🕐12:00～16:00
📍本部町備瀨 224
🚗許田IC 28km
🅿4輛

五彩繽紛的店內還陳列手工雜貨

外觀也可愛的水果蔬果昔

B **南の島のTi-da**
Beach Parlour
みなみのしまのティーダビーチパーラー

招牌菜單是盛滿水果的蔬果昔，水果以沖繩產為中心。只要追蹤他們的IG帳號，就會用水果幫你做字母裝飾在飲料上。

國際通　▶MAP 附錄P.17 C-2

☎098-894-8828
🗓無休　🕐12:00
～翌3:00　📍那霸市牧志2-7-18
🚃Yui-Rail牧志站即到　🅿無

也有販賣手工飾品

發源於夏威夷的彩虹刨冰很搶手

A **田中果実店**
たなかかじつてん

販賣彩虹刨冰、盛滿芒果的刨冰及自家製的果醬等。以專用機械削成的薄冰輕盈綿軟，口感滑潤。

中部　▶MAP 附錄P.10 B-2

☎070-5279-7785
🗓週二、三
🕐11:00～17:30
📍恩納村瀨良垣2503
🚗屋嘉IC 7km
🅿7輛

也有販賣原創T恤

Colorful

tips
使用自家栽
培的水果和
自製糖漿，
有益健康

中間的蔬果昔
是多付¥100
追加配料後的
樣子（只限夏
季供應） tips

tips
滋味清爽，
即使分量大
也能吃得一
乾二淨

menu
香檸刨冰

¥330

menu
島嶼水果蔬果昔
（左）¥500

香檸扶桑花茶
（右）¥400

Ⓐ 左為店家推薦的搭配，櫻桃味×優格味×泡泡糖味 Ⓑ 裝飾花俏，放到社群網站上保證吸睛！ Ⓒ 使用百香果或火龍果製成的蔬果昔 Ⓓ 兩者都是降低甜度的清爽滋味 Ⓔ 容器是量杯，視覺衝擊強

※ 沖繩刨冰 tips
一年到頭都吃得到

刨冰是沖繩熱門甜點。許多店家不
分季節全年都能享用，變化也多彩
多姿。

※ 蔬果昔和冷壓果汁
的不同

蔬果昔是使用果汁機混合食材而
成。特徵在於纖維質豐富，口感濃
稠。冷壓果汁則是不經加熱，施以
壓力鮮榨果汁製成。滋味清爽易消
化，能夠直接攝取食材的營養。

洋溢流行色調
的甜點聯袂登場

Ⓔ Yes!!! PICNIC PARLOR
イエスピクニックパーラー

這裡有五彩繽紛的冰淇淋汽水、刨
冰、撒滿穀片的冰淇淋及其他流行的
甜點。三明治或薯條等食品也是一應
俱全。

那霸、首里 ▶MAP 附錄P.6 B-2

☎098-943-5806
休週五
🕐9:00～18:00
📍那霸市安謝183
🚃Yui-Rail古島站
搭計程車7分
🅿2輛

當地阿公阿婆也愛
捧場的店

追求每一杯
用心手製的飲品

Ⓓ はたけかふぇ。

使用自家栽培的火龍果，溫和甘甜的
蔬果昔頗受好評。添加到果汁內的蜂
蜜和香檸糖漿也是手工製成。

南部 ▶MAP 附錄P.4 B-3

☎080-1298-9628
（岩淵女士）
休不定休 🕐10:00
～16:00 📍八重瀬
町仲座834-2
🚗南風原南IC 9km
🅿1輛

外帶形式的飲料專
賣店

夕陽也浪漫

美麗海灘 ✕ 美式風情

體驗海洋girl情調

LOCAL's ADVICE

美軍基地分布在中部海灘，美國風的感覺真上相★

現居沖繩的療癒系美甲師
Haruna Touma

北谷町鄰近美軍嘉手納機場，許多外國人在當地生活。以美濱美國村為首，街上到處都洋溢著異國風情。這裡能看到許多外國人享受海水浴和慢跑的身影，正好適合體驗沖繩海灘的氣氛！讓我們拍張照片，遙望夕陽，度過隨心所欲的時光吧。

Beautiful beaches!

4

3 2

到充滿開放感的海灘度過歡樂片刻

安良波海灘 中部 ▶MAP 附錄 P.8 A-4
アラハビーチ

度假勝地北古町的人工海灘，位在餐飲店特別密集的Hamby區安良波公園。這處擁有長達600m粉沙的海灘，就宛如美國西海岸一樣。

☎098-926-2680（僅限開放期間）　休開放期間無休　游泳為4～10月的9:00～17:30（視時期而異）　¥入場免費　♀北谷町北谷2-21　北中城IC 5km　P150輛

1. 白沙綿延景致如畫的海灘　2. 到處都有涼亭，也可以休息一下　3. 乘學拖曳傘能夠享受空中散步的樂趣，需時約60分，要價¥7,000（北谷海人の会）　4. 椰子樹充滿南國情調　5. 將海面染成玫瑰色的夕陽真浪漫♥

It's beautiful

5

Setting Sun!

7

日落海灘 中部 ▶MAP 附錄 P.8 A-4
サンセットビーチ

位在美濱美國村的西邊，能在逛街吃飯的前後順道走走的市鎮海灘。顧名思義，就是以夕陽名勝聞名的攝影景點。

☎098-936-8273　休開放期間無休　游泳為4月中旬～10月的9:00～18:00（視時期而異）　¥入場免費　♀北谷町美浜2　沖縄南IC 6km　P450輛

7. 不但適合泡海水浴，也可在沙灘上悠閒度過　8. 太陽西沉的瞬間不容錯過　9. 黃昏一到，人潮就會聚集　10. 順道去海灘附近的ESPARZA'S TACOS and COFFEE（▶P.83）　11. 美濱美國村內的depot's Garden　12. 還有適合拍IG照的牆面

想要趁著觀光空檔享受海濱時光就來這裡

8

11 10

ESPARZA'S
TACOS

9

探訪真實聖地

神明 × 久高島

前往離傳說的樂園最近的地方。
美麗的景色洋溢神秘的氣氛，
平復人心。

傳說遙遠的他方有個樂園叫「儀來河內」，久高島就是離儀來河內最近的地方。另外，神話中琉球的創世神阿摩美久，據說最初就是降臨於此，是連歷代琉球國王都必定來參拜的神之島。讓我們站在島嶼北端的Habyan（Kaberu岬），以神聖的氣息盈滿內心吧。

LOCAL's ADVICE

現居沖繩的空服員
Asuka Takemori

附設免費停車場的渡輪轉運站

安座真港
齋場御嶽
知念半島
久高島
德仁港
高速船和渡輪加起來每天有6班

久高島
くだかじま

這是位在知念半島東邊，周長約8km的小島，最適合騎自行車環島。餐飲店位在島嶼南側，Habyan（Kaberu岬）和伊敷濱等聖地則集中在島嶼北側。聚落沒有自動販賣機或遮陽處，散步時要準備帽子和飲料。

南部 ▶ MAP 附錄 P.5 D-4
☎ 098-948-4611（南城市觀光協會）
♀ 南城市知念久高
🚗 南風原北IC到安座真港14km

搭乘渡輪前往神之島

SCHEDULE

◀ 9:30 ◀ 9:00

租自行車環遊島內

抵達港口後，就在久高島候船處商店等地租自行車。1小時￥300～。

從安座真港乘船前往久高島

首先要前往位在南城市的安座真港。從這裡搭高速船，旅程約15分。

前往島嶼的交通方式

高速船	需時15分/單程￥770	
渡輪	需時25分/單程￥680	

☎ 098-948-7785（久高海運安座真事務所）

定期船時刻表

	安座真港發船		德仁港發船	
1班	渡輪	8:00	高速船	8:30
2班	高速船	9:30	渡輪	10:00
3班	渡輪	11:00	高速船	12:00
4班	高速船	13:00	渡輪	14:00
5班	渡輪	15:00	高速船	16:00
6班	高速船	17:00	渡輪	17:00

※5月中旬～7月中旬要檢查設備，航班次數會有所不同。

聖地禮節

●請勿進入禁止進入的場所
Fubo御嶽和北海岸附近的墓地等地禁止進入。另外還有其他不得進入的聖域，敬請留意。

●保持安靜，請勿喧嘩
要記得避免大聲交談，打擾其他人祈福。

●請勿帶走石頭或植物
御嶽或拜所的東西，哪怕是一顆石頭也不能帶回去。

立入禁止

24

伊敷濱 いしきはま

傳說這是通往海洋他方的樂園「儀來河內」的海濱。神明從儀來河內來訪時，會把船停泊在這裡。海濱屬於聖域，不得游泳。

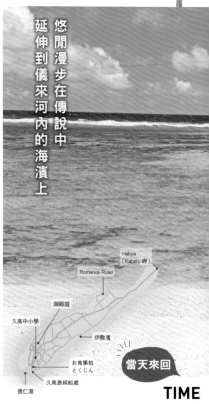

悠閒漫步在傳說中延伸到儀來河內的海濱上

Habyan（Kaberu岬）

位於島嶼東北部的海岬，傳說是阿摩美久降臨的神聖場所。美麗沙灘延綿遼闊，彷彿能洗滌心靈。

延伸到Habyan（Kaberu岬）的白色沙道

綿延在聚落的田地中有一部分稱為「神之田」。還有傳說中連接天與地的石頭「天之門」。

御殿庭 うどぅんみゃー

由琉球王國任命的神女舉行祭祀的久高殿（照片中央），庭院建有燻製海蛇的小屋（照片左方）。

Romance Road
ロマンスロード

這條絕景道路可以遠眺海洋另一端的本島。途中走下階梯，就會看見沙灘一望無際。

BEAUTIFUL

從世界遺產的聖地齋場御嶽（◆P.104）眺望的久高島

當天來回

TIME

(13:00)◀ (11:30)◀

趁等船的時間看看伴手禮

這時不妨去久高島候船處商店，看看久高島鹽、明信片和其他伴手禮。

休憩＆午餐往此去

環島之後就前往港口附近的食堂，來一客遵循400年傳統的島嶼秘傳料理海蛇湯或定食，悠閒品嚐午餐。

お食事処とくじんの海葡萄丼 ¥1,150

お食事処とくじんの海蛇御膳 ¥2,500

Hawaiian Sun
各 ¥300
無酒精飲料

細絲薯條
散發躍勒香味
的炸薯條

¥440

DELICIOUS!

獨創蒜香
奶油蝦（附飯）

¥1,210
大蒜會勾起
食慾

KOURI SHRIMP
コウリシュリンプ

這是蒜香奶油蝦的專賣店。流行色調引人注目的旅行車，是以夏威夷歐胡島北部城鎮的熱門蝦飯餐車為意象。食材使用帶殼的蝦子，接單後才會添加獨家辛香料烹調。外殼香氣撲鼻，肉身彈牙紮實。

看這個標誌認路！

北部 ▶MAP 附錄 P.13 C-1

☎0980-56-1242 休不定休、天候不佳時 時11:00～17:00 所今帰仁村古宇利314 車許田IC 24km P20輛

在太陽下享用午餐！

藍天 × 外帶餐

感受野餐情調♪

天氣好的日子要在太陽下，度過特別歡樂的午餐時光。

LOCAL's ADVICE

現居沖繩
喜愛旅遊的作家
Minami Shinzato

光是看到可愛的改裝旅行車，心情就會雀躍起來♪被撲鼻的香味誘惑，今天要在喜歡的地方享用藍天午餐。KOURI SHRIMP的屋頂露臺座能將大海一覽無遺，parlour de jujumo的吧臺座則可以跟老闆閒聊，讓人留連忘返。

也有人是為了這個而來

鮮蔬漢堡
蔬菜是主角，醬汁也是手工製成

¥500

鮮榨甘蔗汁
溫和甘甜的
清爽滋味

¥500

看這個招牌認路！
COFFEE
TAKE OUT

Eat in Ver.

酵素糙米咖哩
咖哩醬是以蔬菜熬煮3天製成

¥800

Take out Ver.

parlour de jujumo
パーラー・ド・ジュジュモ

這裡可以品嚐不用化學調味料的酵素糙米咖哩，以及夾了當令蔬菜的鮮蔬漢堡。鮮榨甘蔗汁是在點單時現榨無農業栽培的甘蔗。也可以在吧臺或長椅上食用。

南部 ▶MAP 附錄 P.4 A-2

☎080-4278-8150 休週六、日、假日 時8:00～13:00 所豐見城市与根490-3 車那霸機場6km P2輛

藍天和大海一覽無遺
的絕佳地點

KOURI SHRIMP
LOVES OKINAWA

1. 從屋頂露臺看古宇利大橋的景致特別好
2. 停在店面旁邊的蝦飯餐車是創業的起點

3. 車內裝潢由老闆夫妻親手布置。吧臺的磁磚感覺不賴　4. 在吧臺用餐時，跟丸山老闆聊天也是件樂事

有益身體
的健康輕食店

酵素玄米カレー

VEGITABLE BURGER

COFFEE
organic drink etc.

open

weekday 8:00-13:00
～down 11:00-16:00

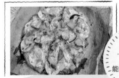

綠意當中的午茶小憩♪

森林咖啡廳 × 秘密基地

享受悠閒森林浴

以群鳥囀鳴和葉片摩挲聲為背景音樂，讓滿滿的負離子療癒身心。

LOCAL's ADVICE

沖繩的咖啡攝影師
~Chika Fujii~

杪欏原生林和其他亞熱帶植物茂密的山間，零星分布幾座充滿野趣的咖啡廳。樹葉間篩落賞心悅目的光影下，隱藏在森林中的屋舍，是格外療癒的空間。傾聽近處可聞的鳥語，同時享用店家自豪的菜色。解放心靈，用五感的一切品味安穩流逝的島嶼時光。

活力十足的大自然
壯觀到令人屏息

1. 森林的樹木彷彿觸手可及
2. 店內全面禁菸，不開放訂位

蓮藕煙燻
雞肉披薩
¥ 1,540
能夠享受蓮藕口感的披薩

Cafe ichara
カフェイチャラ

以綠意環繞的木質地板露臺座受到歡迎的咖啡廳。招牌的披薩有4種，以手工製作麵皮和醬汁，再用石窯烤成。裝飾料理的當地陶藝器皿也很美觀。

北部 ▶ MAP 附錄 P.12 B-2

☎0980-47-6372 🈺週二、三（逢假日則營業）🕚11:30～16:15 📍本部町伊豆味2416-1 🚗許田IC 17km 🅿9輛

Cafeハコニワ
カフェハコニワ

由興建50年以上的古民家改裝而
成的咖啡廳，配合景觀使用自然
色彩讓人印象深刻。店內的健康
菜色一應俱全，選用當地採收的
蔬菜，親切的家常味備受好評。

北部 ▶ MAP 附錄 P.12 B-2
☎0980-47-6717 ⊗週三、四
🕐11:30～17:00 ♀本部町伊豆味
2566 ♥許田IC 14km 🅿10輛

ハコニワ
整餐
¥1,000
使用沖繩食材，
內容每週更換

1. 店面悄悄站立在森林隧道延伸的小路盡頭
2. 每一件室內裝飾都很時尚　3. 表情獨特的風獅爺迎接
客人　4. 直接活用古民家優點的現代空間

森林咖啡廳

OKINAWA MAKES ME HAPPY

6

到靜謐森林中的古民家咖啡廳
悠閒度過島嶼時光

每週精選菜單
¥1,600～
附前菜、湯品
及飲料

mori
Lunch!

跟歐美童話出現的
洋館一樣可愛

森の食堂 smile spoon
もりのしょくどうスマイルスプーン

圍繞在天空藍和森林綠的白色建築格外顯
眼。古典風格的桌椅和餐具等物將店內妝
點得很有品味。套餐式料理的主菜可以挑
選肉或魚。

北部 ▶ MAP 附錄 P.12 B-2
☎0980-47-7646 ⊗週三 🕐11:00～16:00
♀本部町伊豆味2795-1 ♥許田IC 15km
🅿10輛

1. 從草地遍布的庭院可以眺望八重岳
2. 也可以當成休閒用的咖啡廳

29

BEGIN樂團歌曲
《阿伯自豪的奧利恩啤酒》
〈阿伯自豪的奧利恩啤酒〉民氏兹味

高掛三顆星旗號 ★

| 沖繩出身 | × | 奧利恩啤酒 |

這裡 有得喝！乾杯

LOCAL's ADVICE

嗜酒的旅遊書編輯
Yuriko Suzuki

想在沖繩乾杯暢飲，還是該喝奧利恩啤酒。海灘和居酒屋「先來杯啤酒」的主角就是這個！

「奧利恩啤酒」是1957年經公開徵選而定的名稱。獲選的理由是獵戶座（Orion）是南方星座，適合沖繩，而且當時統治沖繩的美軍最高司令官的象徵就是「三顆星」標識。至今三顆星仍是奧利恩啤酒的代表符號，是縣民熱愛不已的自豪滋味。

DELICIOUS!

海風、浪聲、奧利恩啤酒♪

1. 在居酒屋也很常見。照片為うりずん（▶P.57）
2. 被燈籠誘惑而前往夜晚的街道

Product line up!

cheers!!

Special 7

讓沖繩氣氛高漲起來★

Orion Good item!

A. 奧利恩零錢包各￥660
B. 能夠重複清洗使用的立體口罩各￥660 C. 方便攜帶寶特瓶的水瓶袋￥1,210
D. T恤（M）￥2,200 E. 奧利恩海灘人字拖各￥1,100 F. 大啤酒杯￥210等 G. 奧利恩樂園的展廳，重現昭和40年代的商店景貌 H. 釀造啤酒的釜鍋裝置藝術讓人更加期待工廠參觀 I. 奧利恩啤酒別針各￥252等

販賣小配件的昭和懷舊空間

じーさーかす F I

善用浮島通民家格局開設的雜貨店。老闆精選的復古雜貨、奧利恩啤酒商品、珍貴的琉球郵票等物一應俱全。還有國外的貼紙。

那霸‧首里 ▶ MAP 附錄 P.17 C-3
☎098-943-1154　無休
11:00~19:00　那霸市牧志3-4-6　Yui-Rail牧志站步行15分　P無

參觀奧利恩啤酒的工廠＆買伴手禮

奧利恩樂園 B C D G H

オリオンハッピーパーク

參觀奧利恩啤酒的製造工程，之後可以試喝做好的啤酒。附設商店也販賣相關商品。參觀詳情需先洽詢。

北部 ▶ MAP 附錄 P.12 B-3
☎0570-04-4103　週三、四採預約制。詳情請來電或查看官網　名護市東江2-2-1　許田IC 8km　P20輛

店內就像玩具盒一樣

OKINAWA文化屋雜貨店 久茂地店 A E

オキナワぶんかやざっかてんくもじてん

店內有滿滿的沖繩限定用品、T恤、掛繩及點心等，統統都是個性商品，挑選起來很有樂趣。

國際通 ▶ MAP 附錄 P.16 A-2
☎098-863-3901　無休
9:00~21:00　那霸市久茂地3-2-24　Yui-Rail縣庁前站步行3分　P有契約停車場

發現沖繩麵的「新滋味」！

沖繩麵 × 獨創性

現在就該吃這碗

打破以往沖繩麵的概念，
嶄新的滋味讓人雀躍不已！

LOCAL's ADVICE

『沖繩：MM哈日情報誌系列』
撰稿作家

Naomi Yasui

品嚐從前的傳統沖繩麵是旅行的樂趣之一。但是，最近的沖繩麵在各方面都有著驚人的進化。追求各店獨創性，外觀與味道與以往不同的嶄新風格創意沖繩麵陸續登場。老闆自豪的獨一無二滋味，保證讓人著迷到難以想像！

**辛香料的香氣
刺激食慾**

Point!
辛香料的香氣會勾起食慾。還有激辣口味

2

オレンジキッチン

建於國際通東端，接近安里三叉路。店內有可愛的橘色牆壁，能夠品嚐酸辣平衡的絕妙泰式酸辣湯麵。沖繩麵緊緊吸附泰式酸辣蝦湯，保證讓人一口接一口。

（編註：オレンジキッチン已於2023年6月結束營業，搬遷至山原的大宜味村字塩屋352番地，預計於2023年9月重新開幕。最新資訊請參考店家FB：https://www.facebook.com/orange.kitchen2/?locale=ja_JP）

1. 橘色的吸睛遮雨棚也是店名的由來 2. 散發辛香料滋味的泰式酸辣蝦湯麵（中）¥1,000 3. 店內橘色的牆壁很可愛

3

OKINAWA SOBA EIBUN
オキナワソバエイブン

這家沖繩麵專賣店的空間就像咖啡廳一樣時尚。菜單上滿滿都是洋溢獨創性的沖繩麵。無論是炙燒軟骨麵、鹽味軟骨麵，還是品嚐時要拌上果凍狀醬汁的麵，統統都是這裡才有的滋味。

那霸近郊 ▶ **MAP** 附錄 P.17 C-4

📞098-914-3882 **休** 週三 **🕐** 11:00〜16:00（售完打烊） **♀** 那霸市壺屋1-5-14 🚃 Yui-Rail牧志站步行15分 **P** 無

3

／ 口感絕佳的果凍狀拌麵 ＼

1. 店面建築就像時尚咖啡吧
2. 店內氣氛讓女性也能輕鬆自在地單獨光顧 3. 特製醬汁凍拌麵￥950，充分攪拌後再品嚐吧

Point!
沖繩雜炊飯也是熱門菜色之一。店內提供3種分量，￥100〜

Point!
金月麵（中）￥800，山原雞肉雜炊飯￥220等

坦坦麵是読谷店獨創

1. 建於公路休息站喜名番所附近 2. 中午會大排長龍的熱門店 3. 坦坦麵（中）￥800。湯頭是溫潤的滋味

飽滿的芝麻醬勾起食慾

金月そば 読谷店
きんちちそばよみたんてん

縣內展店共3間，各個店家在堅守沖繩麵傳統的同時，也時時追求各自嶄新的滋味和風格。麵條使用3種生麵，其中包括使用沖繩縣產小麥「島麥KANASAN」製作的當地麵；高湯則有豬骨和鰹魚2種，依照菜色分別使用。

中部 ▶ **MAP** 附錄 P.8 A-2

📞098-958-5896 **休** 週一（逢假日則翌日休） **🕐** 11:00〜16:00（售完打烊） **♀** 読谷村喜名201 🚗 石川IC 10km **P** 無
※價格可能變更

3

接下來要介紹沖繩兩大最熱門景點，「沖繩美麗海水族館」以及那霸主要大街「國際通」。周邊區域也值得矚目！

P.46 ▸ 國際通

P.54 ▸ 浮島ガーデン

...and more

P.36 ▸ 沖繩美麗海水族館

P.60 ▸ 首里城

P.55 ▸ GARB DOMINGO

MUST SEE,

The best spot of the Okinawa trip is here!

p.36 ▶ 沖繩美麗海水族館

p.44 ▶ 本部麵街

p.42 ▶ 今歸仁城跡

p.40 ▶ 備瀨福木林道

一睹沖繩美麗海水族館的"現在"

說起沖繩一定要去的熱門觀光景點，就會提到這個名字。館內展示多達約680種10000隻生物，以壓倒性的規模開展在眼前的海洋世界魄力十足。

交通方式

那霸機場

↓ 7km、15分

[豐見城・名嘉地IC] 那霸空港自動車道・沖繩自動車道

↓ 67km、1小時15分

[許田IC]

↓ 27km、1小時

沖繩美麗海水族館

開館時間

開館時間	閉館時間（入館截止）
8:30	18:30（17:30）

※繁忙期的開館時間請查看官網

入館費 ※未滿6歲的未就學兒童免費

票種	入館費
大人	¥2,180
高校生	¥1,440
小・中學生	¥710

沖繩美麗海水族館
おきなわちゅらうみすいぞくかん

從珊瑚群生的淺海，到水深超過200公尺的深海，這座水族館都會重現沖繩的海洋世界。館內有鯨鯊和鬼蝠魟泅泳的世界最大水槽，陽光照射的珊瑚水槽，五彩繽紛的熱帶魚泅泳的水槽等，大大小小總計有67座，每個專區都有許多可看之處。

北部 ▶ MAP 附錄 P.19 A-3

☎0980-48-3748　需在官網確認　♀本部町石川424 國營沖繩紀念公園（海洋博公園）內　P約1900輛

※休館日、開館時間及解說節目等皆有可能會更動。詳情請於官網確認。

✦ R O U T E ✦

從3樓入口入館，沿路參觀到樓下。

❶ 觀察棲息在淺海的生物
INOH礁池的小生物

展示海星、海參及其他棲息在珊瑚礁
圍繞的淺海（INOH）生物。可從水
面和水中這兩處觀察。

▼

❷ 認識活珊瑚的生態
珊瑚之海

展出世界首次成功大規模飼育的活珊
瑚。展示約80種440個群體的珊瑚，
還能看到珊瑚放卵放精。

▼

❸ 五彩繽紛的熱帶魚泅泳其間
熱帶魚之海

從陽光照射的淺海、沙地到陰暗的洞
窟，重現沖繩周邊分布的多種珊瑚礁
域環境。

▼

❹ 關於鯊魚的資料很充實
鯊魚博士展廳

陳列鯊魚的下顎標本和其他豐富的資
料，水槽中有鉛灰真鯊和其他鯊魚在
游泳。

▼

❺ 世界最大的巨型水槽
黑潮之海 ❯❯P.38

水槽設計的深度足以讓鯨鯊豎著游泳
吃飼料，寬35公尺，深10公尺，容
量7500立方公尺，魄力十足。

▼

❻ 光線到不了的深海世界
深海之旅

展示從沖繩周邊水深200公尺以上的
深海採集的深海生物，展現神秘幽靜
的世界。

▼

❼ 體驗夢幻之海的魅力
海中星象儀

介紹反射紫外線的璀璨珊瑚、像螢火
蟲般擁有發光器的魚、以及其他在自
然光到不了的海底棲息的發光生物。

⑤ ④ ⑥ ⑦

Beautiful

TOTAL 2.0H 👫
ROUTE
12:00
9:00 15:00
18:00
假如還要逛海洋博公園（❯❯
P.39），就要保留充裕的時間。

BEST TIME ／ 剛開館
趁著早晨剛開館時入館參觀

剛開館時館內遊客較
少，水槽的水也比較
清澈。

入口的紀念碑
也是拍照景點♪

Close Up

忘掉時光的流逝
黑潮之海

whoa!!

還想從這裡看！
觀賞♥地點

從下面

1F

海洋觀賞室

設於水槽下方的半圓頂型空間，抬頭就會看見魚群在游泳，感覺就像置身在海底。

從側面

1F

咖啡廳「Ocean Blue」

毗鄰大水槽的咖啡廳，能夠一邊享用飲料或輕食，一邊觀察魚群游泳的樣子。水槽旁的座位（需付費）很受遊客歡迎。

從正面

2F

鯨鯊站立區

以寬廣的視野從正面觀賞整座大水槽。座位總共有56席，呈階梯狀，便於觀看。

從上面

4F

黑潮探險（水上觀覽區）

從1樓搭電梯上4樓，即可從上面觀賞大水槽。開放觀賞的時間請查看官網。

海上觀景餐廳「INOH」
レストラン イノー

位於4樓，能夠眺望美麗的海洋和伊江島，同時品嚐活用沖繩食材的自助餐。

早餐9:00～10:00，午間自助餐11:00～15:00，單點15:30～17:30（視時期而異）

想吃午餐的話……

轉蛋水族館（共6種）
1次￥500

沖繩美麗海水族館法蘭酥
（6片裝×3罐）
￥1,450

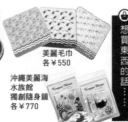

美麗毛巾
各￥550

沖繩美麗海水族館獨創隨身鏡
各￥770

想買東西的話……

1天舉行5次的
海豚秀可以免費觀賞。
自由入座

看看"館外"！

廣大的海洋博公園內有許多可看之處。海豚劇場等園內設施和表演秀，除了部分需收費外皆可免費觀賞。

‖SING‖

JUMP！！

水族館
就在這座
公園內

翡翠海灘
P9
海牛館
綜合休息處
（美麗海廣場）
海龜館
沖繩
美麗海
水族館
海豚潟湖
兒童
樂園 P7 P6
海豚劇場
綜合服務處
P5
海洋文化館
P3
沖繩鄉土村
P4
海岸散步道 P2 （巴士專用）
P8
熱帶夢幻中心
夕陽廣場
114

■ 海龜館

全世界有8種海龜，館內飼養其中在日本罕見的太平洋麗龜和黑海龜等5種。

Sea Turtle

Ⅴ入館免費

■ 海牛館

館內飼養瀕臨絕種的美洲海牛。這種動物屬於草食性哺乳類，會用前腳拿喜歡的蔬菜吃。

Manatee

Ⅴ入館免費

Sanshin

■ 沖繩鄉土村

重現琉球王國時代的沖繩村落。8棟民宅當中的「地頭代之家」可在週六及週日體驗三線演奏。

Ⅴ體驗免費

海洋博公園

かいようはくこうえん

這座國營公園約71公頃，匯集沖繩美麗海水族館和其他多采多姿的設施。除水族館外，還有舉行海豚秀的海豚劇場、體驗餵食（需付費）的海豚潟湖、海牛館、海龜館、接觸沖繩文化的沖繩鄉土村及其他多項遊樂設施。

北部 ▶ MAP 附錄 P.19 A-4
☎0980-48-2741 休需在官網確認
🕐8：00～19：30（10～2月為～18：00，視設施而異） Ⅴ入園免費（部分設施需付費） ♀本部町石川424 ♥許田IC 27km 🅿約1900輛
※休園日及表演秀節目有可能變更，詳情請查看官網。

ℹ實用資訊info

當天可以重複入館！

只要在入口出示入館門票的票根，當天內就可以不限次數重複入館。票根可別弄丟了。

智慧型手機專用的海洋博公園×沖繩美麗海水族館app很方便

這個app不但可以得知館內資訊和人潮狀況，還可以從沖繩美麗海水族館的畫面開啟「掃描型AI圖鑑」。只要將智慧型手機或其他裝置的鏡頭對準水槽的生物，就會顯示生物名稱和說明。

活用划算的折扣票

縣內部分便利商店或公路休息站會販賣入館費打折的園外預售票。

漫步在小路……

尋求沖繩的原初風景

備瀨福木林道

常綠喬木福木栽種在沖繩的聚落，肩負防風和防潮的任務。沖繩本島規模首屈一指的備瀨福木林道，正好適合悠閒散步！

綠色隧道傾瀉進來的葉隙流光柔和閃耀

╲ 巡訪的秘訣 ╱

● 道路狹窄，觀光以步行為主
● 蚊子很多，要準備萬全的防蚊措施
● 這是眾人生活的地方，要嚴守禮儀

水牛車

可以搭乘緩緩行進的水牛車在林道上閒晃，來場需時約20分的小旅行。

📞090-1941-9291 🕒週一～五 🕚11:30～17:30 ¥4人以下2000円（每追加1人就加500円）♀本部町備瀨388-3（水牛車搭乘處）

出租自行車

騎著自行車在綠意當中感受風的吹拂也很舒服。穿過林道後就可抵達海邊。

📞090-9789-6507（並木レンタサイクル）🈚無休 🕗8:00～日落 ¥2小時300円 ♀本部町備瀨411

備瀨福木林道
びせのフクギなみき

據說沖繩的福木是基於風水思想而栽種，備瀨聚落林立約2萬棵樹齡達300年的福木。主要大街（中道）的兩旁布滿無數的小路，仍然遺留沖繩的傳統景觀。

北部 ▶ MAP 附錄 P.19 B-1
📞0980-48-2371（備瀨區事務所）♀本部町備瀨
🚗許田IC 30km P26輛

TOTAL 50min

BEST TIME
正午前後

建議在日正當中的中午前往

單純在中道周圍散步需時約50分。搭乘水牛車或遊覽備瀨崎則需時約2小時。

這就是福木！

還有風獅爺呦

發現貓咪！
可愛的花朵療癒人心

九重葛♪

&MORE

還可以浮潛！

資深教練會帶領遊客開心浮潛。即使是初學者也能安全參加。所需時間約1小時30分，採預約制。

ヒートウェーブ

北部 ▶MAP 附錄 P.19 B-1
☎0980-51-7160 ⾷無休
⊕報名為8:00～18:00
¥海灘浮潛行程4000円（含器材出租費）
⌂本部町備瀨571
⊙許田IC 30km ℗5輛

SEA!!

穿過福木林道後…

1. 沿著從中道岔出的小路往西走，就會抵達海邊 2. 備瀨崎也是知名的日落名勝 3. 備瀨崎在退潮時會露出潮池，能夠戲水

中道
水牛車路線

軸石
備瀨地區是以這塊石頭為基準劃分區域

備瀨崎
穿過中道往北，位在盡頭的小海濱。能夠看見小島，還有熱帶魚在游泳

入口
空間在眼前展開，宛如進入另一個世界。入口附近有停車位

區營停車場

ヒートウェーブ

cafe CAHAYA BULAN

並木レンタサイクル

廁所

拜所
祭祀會在這裡舉行，屬於神聖場所，參觀時要遵守禮儀

水牛車搭乘處

美ら海Café
翡翠海灘
沖繩美麗海水族館↓

夫婦福木
2棵巨大福木相依相偎，據說能喚來幸福

Take a break!!

眺望伊江島的絕佳地點
cafe CAHAYA BULAN カフェチャハヤブラン

這間店位在從備瀨福木林道延伸的路徑盡頭，能在洋溢現代亞洲氣息的店內品嚐甜點或正餐菜色。

北部 ▶MAP 附錄 P.19 B-2
☎0980-51-7272 ⾷週三、四（7～9月只休週三）⊕12:00～日落 ⌂本部町備瀨429-1 ⊙許田IC 21km ℗無

1. 夏季限定的越式冰甜湯 ¥756 2. 從露臺座或店內的大窗可以眺望伊江島

使用山原食材做的飯
■美ら海Café ちゅらうみカフェ

店內洋溢著明朗開放的氣氛。推薦菜色為山原帶骨雞咖哩，上頭放了用蒜頭和辛香料烤出的山原香草雞腿肉。

北部 ▶MAP 附錄 P.19 B-2
☎0980-43-6920 ⾷無休
⊕10:00～18:00 ⌂本部町備瀨403
⊙許田IC 29km

1. 山原帶骨雞咖哩1560円
2. 除了桌椅座之外也有露臺座

🚗 by Car **15分**

壮閣城牆的另一頭
與當時相同的水平線一望無盡

簡直就像萬里長城！

前往世界遺產

今歸仁城跡

今歸仁城跡是琉球王國的御城與相關遺產群之一。讓我們走在遺留至今規模驚人的城跡，穿越時空來到遙遠的時代。

山櫻花名勝

今歸仁城跡
なきじんじょうあと

這是在琉球統一前，北山、中山、南山的三山時代，統治本島北部的北山王居城跡，據說約於13世紀興建。標高100公尺左右略為隆起的岩山上，矗立著用天然石材砌成的野面疊砌工法城牆，配合自然地形描繪的美麗曲線長達1.5公里。

北部 ▶ **MAP** 附錄 P.12 B-1
☎0980-56-4400（今歸仁村御城交流中心）⏰無休 🕗8:00～17:30（5～8月為～18:30）💴入場費600円（與今歸仁村歷史文化中心共用）📍今帰仁村今泊5101 🚗許田IC 26km 🅿297輛

主郭
御內原
平郎門
外郭
相機架

門票在這買
御城交流中心
今歸仁村歷史文化中心

TOTAL
50min

BEST TIME
上午

巡訪前先在今歸仁村歷史文化中心學習歷史背景

只逛主郭和御內原需時約50分，仔細參觀則要約2小時。

1. 1月下旬～2月上旬城內會開滿山櫻花　2. 平郎門前方的廣場有個能夠自助拍攝的相機架　3. 修建完成的參拜道路「七五三階梯」

Take a break!!

1. 1樓面海的吧臺座
2. 沖繩熱帶碎冰蘇打 ¥600
3. 南國芒果鬆餅 ¥700
4. 可從店內延伸出去的階梯前往海灘

將壯闊的水平線一覽無遺的絕佳地點

■ On the Beach CAFE　オンザビーチカフェ

海灘就在眼前的2層樓咖啡廳。從大片的窗戶就能欣賞浩瀚的海景。

北部　▶ MAP 附錄 P.12 B-1
☎0980-56-4560　無休　⊕11:00～17:00
♥今歸仁村今泊612-2　許田IC 26km
🅿20輛

能將八重岳一覽無遺的森林咖啡廳

■ 藍風　あいかぜ

販賣藍染作品和經營體驗工房的咖啡廳和藝廊。藍染體驗為預約制。

北部　▶ MAP 附錄 P.12 B-2
☎0980-47-5583　週二、三
⊕11:00～16:30　本部町伊豆味3417-6
♥許田IC 19km　🅿10輛

1. 巨大的筆筒樹是這家店的象徵樹
2. 今日蛋糕480円／咖啡480円
3. 店內會陳列藍染製品，亦可購買

（縱排側欄）
Okinawa
CHURAUMI AQUARIUM
今歸仁城跡

《琉球國由來記》（1713年）也出現過的平郎門

Ⓒ 平郎門

結構牢固的
今歸仁城正門

左右設有門衛看守用的狹縫，天花板由一大片岩石覆蓋。現在的門是1962年修復而成。

Ⓐ 御內原

供女官生活的
崇高場所

有神聖的御嶽，從北側可以遍覽海洋。天氣晴朗時可以看見東海、伊平屋島以及伊是名島。

Ⓓ 主郭

城內最中心的
建築所在地

現存許多基石，彷彿可以想見過去存在於此處的建築樣貌。現在則成了舉行祭祀的場所。

Ⓑ 外郭

城牆描繪出美麗
的曲線

以天然石材砌成的7公尺高石牆圍出的空間，發掘調查已證實有宅邸遺跡。

濃郁湯頭和排骨很對味

山原そば的
排骨麵
¥900

好想吃一次的名產豬腳

そば屋よしこ的
豬腳麵（小）
¥700

吸引沖繩麵的愛好者

激戰區

本部麵街

本部町有一堆店家販賣沖繩縣民的靈魂美食沖繩麵。讓我們嘗嘗以扁麵、鰹魚高湯及鹹甜滷豬肉為特徵的沖繩麵吧。

@山原そば

@沖繩そばの專門店
きしもと食堂

巡訪訣竅

這裡有許多大排長籠的熱門店，建議一開店就來。有些店鋪湯頭用完就打烊，欲購從速。

為什麼沖繩麵麵店很多？

本部町早在二戰前就是鰹魚漁業盛行的港都，能夠捕到豐富的鰹魚，往來渡久地港的人們喜歡吃簡單的麵。

什麼是本部麵街？

北部 ▶ MAP 附錄P.12 B-2

縣道84號沿路林立20家以上的麵店，現在整個本部町都稱為「本部麵街」。

八重善
やえぜん

1天限量10碗的墨魚麵，是由鰹魚、豬骨添加牛蒡熬成，滋味深邃，很受歡迎。還可品嚐沖繩的家常菜。

北部 ▶ MAP 附錄 P.12 A-2
☎ 0980-47-5853　休 週二、三
🕐 11:00～15:00（售完打烊）
📍 本部町並里342-1　🚗 許田IC 20km
🅿 20輛

そば屋よしこ
そばやよしこ

店裡的招牌豬腳麵是在豬肉、鰹魚及昆布萃取的高湯中，放上筷子一夾就散的軟嫩特製豬腳。與直麵相當對味。

北部 ▶ MAP 附錄 P.12 B-2
☎ 0980-47-6232　休 週五
🕐 10:00～16:00　📍 本部町伊豆味2662　🚗 許田IC 13km
🅿 20輛

山原そば
やんばるそば

從開店前就出現排隊人潮的沖繩熱門店，守護創業40以上不變的滋味。以鰹魚和豬骨為基底的高湯，滋味清爽且溫和。

北部 ▶ MAP 附錄 P.12 B-2
☎ 0980-47-4552　休 週一、二
🕐 11:00～15:00（售完打烊）
📍 本部町伊豆味70-1　🚗 許田IC 17km
🅿 20輛

墨魚墨汁和沖繩麵的絕妙搭配

傳統的自家製手打麵

> さわのや 本部本店的
> 軟骨排骨麵（中）
> ¥750

> 八重善的
> 墨魚麵
> ¥1,080

添加木灰水的好手藝勁道麵條

> つる屋的
> 排骨麵（大）
> ¥800

> 沖繩そばの專門店
> きしもと食堂的
> 沖繩麵（大）
> ¥850

吸引當地客的巷弄名店

Okinawa
CHURAUMI AQUARIUM

本部麵街

沖繩そばの專門店
きしもと食堂
おきなわそばのせんもんてんきしもとしょくどう

這家老店持續守護創業以來不變的滋味。麵條先以西南木荷和沖繩苦櫧等植物的薪柴煮過，再以燃燒後的木灰作成的木灰水打麵，口感彈牙又嚼勁。

北部 ▶ MAP 附錄 P.12 A-2
☎ 0980-47-2887　休 週三
⏰ 11:00～17:30（售完打烊）
♀ 本部町渡久地5　🚗 許田IC 23km
🅿 7輛

さわのや 本部本店
さわのやもとぶほんてん

使用木灰水的傳統工法打出的麵是嚼勁強烈的粗扁麵，具有獨特的風味。軟骨排骨麵上會覆蓋著滷得微甜的黏稠軟骨排骨。

北部 ▶ MAP 附錄 P.12 A-2
☎ 0980-47-3029　休 週四
⏰ 11:00～16:00　♀ 本部町渡久地
15-7　🚗 許田IC 23km　🅿 8輛

つる屋
つるや

創業約60年，位在本部町營市場附近巷弄，受到當地客喜愛。老闆守護從上一代繼承的滋味，特色是嚼勁強烈的扁捲麵和柔軟的排骨。

北部 ▶ MAP 附錄 P.12 A-2
☎ 0980-47-3063　休 週四、日
⏰ 11:15～15:00（售完打烊）
♀ 本部町渡久地1-6　🚗 許田IC 23km
🅿 無

盤點 國際通 的現在

約1.6公里的街道上，伴手禮店和餐飲店鱗次櫛比，人車川流不息。走進巷弄，到市場或店鋪享受購物的樂趣，再到咖啡廳悠閒休憩。

國際通　▶MAP 附錄 P.16 B-2

路段基本知識和遊玩法

POINT 1

從機場搭Yui-Rail只要15分左右

從機場搭都市單軌電車Yui-Rail到縣庁前站13分，再步行3分即可到國際通西側入口，交通便利，能夠有效運用旅行時間。

POINT 2

平日的早晚是單向通行

這是租車行必定會提醒的注意事項，尤其是開車從國際通周圍的飯店起詫時更需要留意。國道58號也會在早晚進行交通管制。

POINT 3

週日的下午是公共運輸專用道

國際通在每週日中午到18時，就會變成行人優先的公共運輸專用道，出租車也禁止通行。這段時間能夠悠閒散步，便於購物。

熱帶風格
小配件讓人
一見鍾情

1. 要找買給自己的伴手禮就到MIMURI（ P.55）。回到家後也能繼續享受沖繩風情　2. 能夠美味品嚐島嶼蔬菜的浮島ガーデン（ P.54）　3. 熱鬧到半夜的國際通　4. 沖繩美麗海水族館特產直銷店「うみちゅらら」就位在「わしたショップ 国際通り店」附近　5. 市場本通附近聚集許多千円酒場　6.7. 到國際通悠閒散步，同時尋找伴手禮或吃冰消暑

白天喝酒是
旅行才有的
樂趣♪

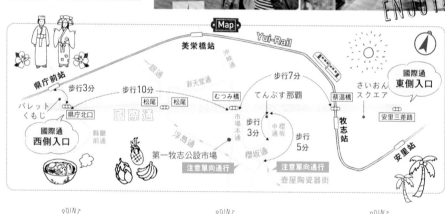

ENJOY!!

Map

POINT 6
**白天到傳說中的
千円酒場喝酒也開心♪**

市場本通的周圍是￥1,000就能買醉的「千円酒場」聖地。許多小型居酒屋聚集在此，能夠逐店暢飲。

POINT 5
**要找時尚店就往
巷弄去**

說到遍布個性商店和時尚咖啡廳的街道，就屬浮島通、新天堂通及櫻坂通。一個人悠閒散步也不錯。

POINT 4
**有效活用夜晚時間
尋找伴手禮**

國際通沿路的伴手禮店當中，就有店鋪營業到22時，即使在晚飯後也可以購物，比炎熱的白天更舒適。

伴手禮和小吃美食目不暇給

漫步 國際通

伴手禮店和餐飲店林立在約1.6公里的馬路上。
就在國際通享受逛街漫步的樂趣吧！

《沖繩時間》
¥2,095
BEGIN樂團的
沖繩最佳精選
輯

芒果牛奶＆
百香果
¥500
熱門口味

無添加物
手工皂
¥550～
使用沖繩的素
材和萬座海濱
的海洋深層水

育陶園
唐草手碗 綠
¥5,500
能夠雙手包覆
的尺寸感覺很
不錯

『BEST OF
OKINAWA
MUSIC』
¥2,241
沖繩音樂
多人合輯

芒果＆
彩虹牛奶
¥500
適合拍IG照的
第一名♪

CUTE PATTERN!

原創紙膠帶
各¥495
有紅型、哎薩舞和其他沖繩
風格的花紋

COLORFUL

MIREI原畫（SM size）
¥38,500
插畫家MIREI女士的作品

苦瓜沙鈴 各¥550
幽默十足的
苦瓜造型沙鈴

紅地瓜＆火龍
果、百香果、
芒果
¥500
基本的沖繩口
味★

手拭巾
¥1,320～
有貝殼、星砂
等各種圖案

MIREI T恤（童裝）各¥3,080
同樣圖案也有推出大人的尺寸

說到沖繩音樂就是這裡
TAKARA RECORDS
たからレコードてん

這是創業70多年的老字號樂
器行，擺滿沖繩民謠、各類
型唱片和CD、三線及音樂相
關書籍。

國際通 ▶MAP 附錄 P.17 C-3
☎098-863-3061　休無休
⏰11:00～19:00　♀那霸市牧
志3-11-2　♦Yui-Rail牧志站
步行5分　Ｐ有契約停車場

活用食材的義式冰淇淋
Fontana Gelato
フォンタナジェラート

販賣在店鋪2樓工房手工製成
的新鮮義式冰淇淋。冰淇淋
使用足量的沖繩食材，滋味
濃郁，隨時備齊16種口味。

國際通 ▶MAP 附錄 P.17 C-2
☎098-866-7819　休無休
⏰10:30～21:30　♀那霸市牧
志2-5-36　♦Yui-Rail牧志站
步行5分　Ｐ無

堅持自然素材的雜貨
海想 平和通り店
かいそうへいわどおりてん

店內陳列以沖繩的自然環境
和生物為主題的原創設計雜
貨。T恤和飾品也很豐富。

國際通 ▶MAP 附錄 P.17 C-3
☎098-862-9228　休無休
⏰10:00～19:00　♀那霸市牧
志3-2-56　♦Yui-Rail牧志站
步行7分　Ｐ無

散播藝術家的魅力
RENEMIA
レネミア

這間藝廊商店精選的作品以
活躍於沖繩的藝術家為主，
經銷藝術和日常所需的工藝
品。附設吧臺式咖啡廳。

國際通 ▶MAP 附錄 P.17 C-2
☎098-866-2501　休週日～
三　⏰13:00～18:00　♀那霸
市牧志2-7-15　♦Yui-Rail牧
志站即到　Ｐ無

48

県庁前站
県庁北口
県庁北口

わしたショップ 国際通り店
琉球民芸ギャラリー鍵石 久茂地店
BLUE SEAL 国際通り店
国際通

REGALO paloma 松尾店
Splash okinawa 3号店

POCO CAFE
ドン・キホーテ
KUKURU市場店
フルーツ市場

ALOHA SHOP PAIKAJI
Calbee+ Okinawa 国際通り店
むつみ橋

沖縄の風
Fontana Gelato
RENEMIA

TAKARA RECORDS
SHOP NAHA
海想 平和通り店

牧志站

KOKUSAI ST. Okinawa

逛街去

單球冰淇淋
¥350
沖繩風格顏色
和滋味的藍色
波浪

沖繩黑糖奶茶
（S size，含霜淇淋）
¥560
上頭放有鹽味
牛奶霜淇淋的
珍珠奶茶

BLUE SEAL
聖代
¥600
香草霜淇淋 &
紅地瓜冰淇淋

Juicy

鳳梨棒
¥150
邊走邊吃最適
合的大小

楊桃
¥150
南國風情的
切片水果也
不錯

芒果刨冰 ¥650
滿滿都是切塊芒果

78那霸莎布蕾酥餅（8片裝）¥900
有紅地瓜、 黑糖等4種口味

沖繩方言
咖啡＆紅茶
各¥162
印有方言的1杯
份咖啡和紅茶

琉球髮飾
¥770〜
散發沖繩感的紅型髮圈
和花笠鯊魚夾等

琉球帆布包中包
¥4,400
琉球帆布和插畫家
sawanico女士的聯名商品

手工羊毛布
徽章
¥1,375〜
有山原秧雞和
扶桑花的圖案

okinawa
HerbGarden
各¥756
無農藥、 無
色素的香草茶

沖繩基本款冰淇淋廠

BLUE SEAL
国際通り店
ブルーシールこくさいどおりてん

沖繩耳熟能詳的BLUE SEAL
冰淇淋，品項有紅地瓜和其
他共20種以上的口味。

国際通 ▶MAP 附錄 P.16 B-2
☎098-867-1450　休無休
⌚10:00〜22:30　♀那霸市牧
志1-2-32　♥Yui-Rail県庁前
站步行10分　P無

正好適合補給維他命！

フルーツ市場
フルーツいちば

這家水果專賣店會陳列沖繩
特有的水果切片，包含愛文
芒果和點心鳳梨等。還能享
用果汁和刨冰。

国際通 ▶MAP 附錄 P.17 C-3
☎098-864-2240　休無休
⌚9:00〜21:00　♀那霸市牧志
3-1-1　♥Yui-Rail牧志站步
行10分　P無

**沖繩和那霸的好東西就在
這裡**

SHOP NAHA
ショップなは

這家店網羅沖繩和那霸才有
的美味食品和珍奇用品，也
適合挑選沖繩伴手禮。

国際通 ▶MAP 附錄 P.17 C-3
☎098-868-4887（那霸市觀
光服務處）　休無休
⌚10:00〜19:00　♀那霸市牧
志3-2-10 てんぶす那霸 1F
♥Yui-Rail牧志站步行5分
P無

以個性派雜貨迎接遊客

沖繩の風
おきなわのかぜ

這間選物店販賣約40名活躍
於沖繩的藝術家作品。最推
薦購買的是原創品牌「琉球
帆布」。

国際通 ▶MAP 附錄 P.17 C-2
☎098-943-0244　休無休
⌚13:00〜18:00　♀那霸市牧
志2-5-2　♥Yui-Rail牧志站
步行5分　P無

雄壯的哎薩舞很迷人♥

有時週日也會在公共運輸專用道表演

跟巨大的紅地瓜點心塔拍照★

御菓子御殿 国際通り松尾店前

扶桑花莓子蘇打
¥780
扶桑花糖漿配上莓子裝飾

扶桑花和椰子樹 ¥2,900
不分男女皆可用的原創設計

海鹽薯塊 海藻鹽口味
（8袋裝）¥924
日本國產馬鈴薯以海藻和沖繩鹽調味

Sweet Emotion
男款短袖襯衫
¥35,200
使用有機棉製成的衣服

Feel Hawaii
男款短袖襯衫
¥15,400
同樣的花紋也有女款

新鮮水果山
¥880
雞蛋仔加上4種水果，分量十足

阿吽成對風獅爺T恤
¥2,980
張口的雄獅和閉口的雌獅成對描繪的T恤

甜味薯條
（紅地瓜）¥310
特色在於紅地瓜的甘甜和酥脆鬆軟的口感

Wind Crest
男款短袖襯衫
¥23,100
推出3種顏色，國際通分店限定販賣

CUTE

滿滿水果的甜點
POCO CAFE
ポコカフェ

誕生於香港的雞蛋仔變化而成的沖繩風格甜點很搶手，還有熱帶風飲料，兩者都有滿滿的水果。

國際通 ▶ MAP 附錄 P.16 B-2
☎098-988-9980 休無休
🕙10:00〜22:00 那霸市牧志1-3-62 ♥Yui-Rail牧志站步行10分 🅿無

原創設計充足
KUKURU市場店
ククルいちばてん

這家店販賣原創設計T恤、四角褲及沖繩雜貨，提供的品項有刺繡T恤、棒球帽、托特包等，範圍包羅萬象。

國際通 ▶ MAP 附錄 P.17 C-3
☎098-863-6655 休無休
🕙9:30〜20:30 那霸市牧志1-3-62 ♥Yui-Rail牧志站步行10分 🅿無

卡樂比特產直銷店
Calbee+ Okinawa
国際通り店
カルビープラスおきなわこくさいどおりてん

這裡有很多適合當作伴手禮的卡樂比點心，「甜味薯條」和其他限定食品也頗受好評。

國際通 ▶ MAP 附錄 P.17 C-3
☎098-867-6254 休無休
🕙10:00〜21:00（熱食為〜20:30） 那霸市牧志3-2-2 ♥Yui-Rail牧志站步行5分 🅿無

阿羅哈襯衫專賣店
ALOHA SHOP
PAIKAJI
アロハショップパイカジ

這是沖繩產阿羅哈襯衫品牌直營店，所販賣的商品從印花設計到縫製都是自家公司包辦。除了男款之外，也推出女款。

國際通 ▶ MAP 附錄 P.17 C-2
☎098-863-5670 休週三
🕙10:00〜20:00 那霸市牧志2-3-1 ♥Yui-Rail牧志站步行5分 🅿無

祝你們
逛街愉快

坐鎮在國際通西側
入口的風獅爺

發現「燃燒殆盡
的小拳王」！

OKINAWA文化屋
雜貨店久茂地店前

逛街去

星の島工房風獅爺
（一對）¥2,090〜
石垣島的工房製作
的灰泥風獅爺

一翠窯 長方皿
（左・長）¥5,280
（右・小）¥3,300
將尋常的料理襯托得更隆重

擦手毛巾各 ¥495
可愛的風獅爺是重點

嬰兒圍兜各 ¥1,320
兩面皆可穿

美麗透明
資料夾
各 ¥220
適合當作送給
辦公室同事的
伴手禮

OKINAWA
SANGO BEER
IPA
（5度，330ml）
¥550
柑橘類的香氣
很清爽

沖繩限定
Country Ma'am
沖繩縣產紅地瓜 ¥699
使用沖繩縣產
的紅地瓜醬

八島黑糖
（8袋裝）
¥756
沖繩離島黑糖
綜合包

捲捲風獅俠（一對）
¥1,760
惹人愛的掌上型尺寸

綠鸚嘴魚
威士忌酒杯
¥2,750
以沖繩魚為意
象的青色讓人
印象深刻

NYANZAN風獅爺（小・一對）¥1,210
小型的灰泥風獅爺

沖繩用品一應俱全
REGALO paloma 松尾店
レガロパロマまつおてん

經銷琉球玻璃、陶瓷器及服
飾雜貨等物的選貨店，店內
陳列老闆以準確的眼光挑選
的商品。

國際通 ▶ MAP 附錄 P.16 B-3
☎098-861-2194 休無休
⌚10:00〜20:00 ♀那覇市松
尾1-4-1 コラムビル1F
🚃Yui-Rail県庁前站步行7分
🅿無

光看就讓人興奮
Splash okinawa 3号店
スプラッシュオキナワさんごうてん

這家熱門店以「只有沖繩才
有的雜貨」為概念，販賣以
海灘度假為意象的雜貨，陳
列使用貝殼和星砂的原創雜
貨和飾品。

國際通 ▶ MAP 附錄 P.16 B-2
☎098-868-2003 休無休
⌚10:00〜22:00 ♀那覇市久
茂地3-5-14 🚃Yui-Rail県庁
前站步行7分 🅿無

沖繩伴手禮的殿堂
わしたショップ 国際通り店
わしたショップこくさいどおりてん

經銷3000種縣內特產的大型
店家，包含點心、泡盛酒、
調味料及雜貨等，種類豐
富。要是不知該上哪買伴手
禮就先來這裡。

國際通 ▶ MAP 附錄 P.16 A-2
☎098-864-0555 休無休
⌚10:00〜22:00 ♀那覇市久
茂地3-2-22 🚃Yui-Rail県庁
前站步行3分
🅿有契約停車場

沖繩手工藝品來這找
琉球民芸ギャラリー 鍵石 久茂地店
りゅうきゅうみんげいギャラリー
きーすとんくもじてん

網羅陶瓷器、紅型、紡織品
及其他沖繩民俗藝品的店
鋪，尤其是琉球玻璃和風獅
爺更齊全。

國際通 ▶ MAP 附錄 P.16 A-2
☎098-863-5348 休無休
⌚9:00〜22:30 ♀那覇市久茂
地3-2-18 🚃Yui-Rail県庁前
站步行5分 🅿有契約停車場

1

初戀歐蕾
¥550
內有覆盆子，
味道酸甜微苦

深焙冰咖啡
¥450
悉心萃取熟成的
香醇冰咖啡

喝杯咖啡歇口氣

前往都市綠洲

迷你咖啡廳

趁著逛街的空檔享用講究咖啡豆和滋味的美味咖啡。暫時遠離城市的喧囂，度過溫暖的時光。

珈琲屋台 ひばり屋
こーひーやたいひばりや

懷著在巷弄探險的心情向前走，就會看到這家藍天咖啡店。在兩輪拖車改裝的攤車前，悉心沖泡的咖啡格外可口。老闆的笑容，讓人心曠神怡的風，這片綠色的空地簡直就是都會的綠洲。營業時間因天候而異，出發前要上Twitter查看。

國際通 ▶ MAP 附錄 P.17 C-3
☎ 090-8355-7883　休 不定休
🕙 10:30～19:00　📍 那霸市牧志3-9-26
🚶 Yui-Rail牧志站步行7分　P 無

Look!!

綠意包圍的桌椅座是療癒的空間，能夠在聆聽鳥鳴的同時悠閒放鬆。

店裡到處都有小鳥的擺飾

Pi Pi Pi

1. 鳥是店名的由來，店鋪的象徵　2. 從國際通走進Grand Orion通往南100公尺左右，從右側藥局前方的小巷進去，就會看到COFFEE字樣的招牌。從櫻坂中通也可以通到這裡　3. 沖繩的陶藝藝術家香川舍的作品　4. 老闆佐知子女士以笑臉迎接客人

2

COFFEE

到藍天咖啡廳
享受片刻慢活

附近的秘密景點
這是國際通

享受咖啡豆散發的香氣

老闆Yafune Akihiro先生會逐一沖泡

邊聽爵士樂邊享用特別的1杯

咖啡每點餐1次就泡1杯

TAMAGUSUKU COFFEE ROASTERS
タマグスクコーヒーロースターズ

位在第一牧志公設市場附近的咖啡專賣店。使用老闆在南城市玉城的工房烘焙的咖啡豆,可以品嚐使用淺焙咖啡豆的果香咖啡和其他罕見的口味。

冰咖啡
¥450
有淺焙和深焙等多種口味,直接將喜好告訴老闆即可

Look!!

從浮島通稍微往南走就到了

國際通 ▶MAP 附錄 P.16 B-3
☎ 098-988-4566 休 週一、五 ⏰ 9:30〜17:00
📍 那霸市松尾2-19-39
🚃 Yui-Rail牧志站步行10分 🅿無

店裡也販賣咖啡豆,並仔細說明其香氣和滋味

冰咖啡 ¥450
布魯塞爾鬆餅 ¥300

冰咖啡做法和熱咖啡差不多,是1杯杯直接滴在冰塊上濾泡而成,香氣濃郁而滋味細膩

たそかれ珈琲
たそかれこーひー

咖啡是以手搖烘豆機花工夫焙煎的咖啡豆沖泡而成,苦味適中且滋味濃醇,三明治則使用北海道產的麵粉和天然酵母做成的麵包。除了正餐之外,甜點也都是自家製。

拿鐵咖啡
¥450
還有「微苦拿鐵咖啡」
¥500

Look!!

建於九茂地川的河畔,離國際通約600公尺

國際通 ▶MAP 附錄 P.16 B-2
☎ 無 休 週四、日、假日
⏰ 9:00〜15:30
📍 那霸市牧志1-14-3
🚃 Yui-Rail美栄橋站步行5分 🅿無

店裡的音樂是用唱片播放。1個人也能輕鬆光顧

咖啡 ¥450
番茄豆泥三明治 ¥800

咖啡是在點餐後才磨豆,用濾布滴漏法逐一仔細沖泡而成。容器是小泊良先生及其他現居沖繩藝術家的作品

到「地下國際通」大快朵頤！
到 浮島通一帶 享受美味時光

「浮島通」是從熱鬧的國際通往南延伸的後街。
長約 600 公尺的街道周圍，熙熙攘攘滿是沖繩的熱門景點。

DELICIOUS

輕鬆享用縣內產的

有機蔬菜當午餐

1

浮島ガーデン
うきしまガーデン

這裡能夠吃到不以魚和肉烹調的素食料理，享受沖繩縣產
有機蔬菜和穀物的口感和滋味。還可以飽嚐以島嶼豆腐代
替絞肉的素食塔可飯，以及使用波照間島產高粱和久高島
產青稞製成的漢堡。

國際通 ▶ MAP 附錄 P.16 B-3　　　　　　　　　ⓒⓇ

☎ 098-943-2100　休 週四　🕐 11:30〜15:30
📍 那覇市松尾2-12-3　🚉 Yui-Rail牧志站步行15分　🅿 10輛

\ Recommend 👆 /

2

從八重山麵到島嶼蔬菜熟食料理

1

食堂faidama
しょくどうファイダマ

這家時尚的食堂可以享用大量縣產食材烹調的料理。推薦菜色是老闆父親田裡採收的新鮮蔬菜做成的定食。

▌國際通▐ ▶MAP 附錄 P.16 B-3
☎098-953-2616 休週一〜三 🕐11:00〜15:00（售完打烊） ♀那覇市松尾2-12-14 カサグランデ松尾 1F
🚃Yui-Rail牧志站步行10分 🅿無

1. faidama定食￥1,650，內容每2週更換1次
2. 店家要推廣傳統沖繩食材的魅力 3. 獨家食品也適合當伴手禮

3

也看看這些時尚商店！

1

1. 認明雅致的紫色牆面
2. 混合北大東島產礦物白雲石的洗臉皂￥2,200
3. 中村Kaori女士的寶物盤各￥8,800

3

1. 有時還能遇到店貓 2. 水果花紋的A4拉鍊袋各￥8,250 3. MIMURI緞帶各￥880，可以做為穿搭重點添增變化

3

現代極簡風格的進化版手工藝品
▌GARB DOMINGO ガーブドミンゴ

廣泛匯集沖繩相關藝術家手工製作的簡練風格容器，能夠遇到如藝術般美麗的餐具。

▌國際通▐ ▶MAP 附錄 P.17 C-4
☎098-988-0244 休週三、四 🕐9:30〜13:00、14:30〜17:00 ♀那覇市壺屋1-6-3 🚃Yui-Rail牧志站步行15分
🅿無

讓人心情快活的熱帶風格設計
▌MIMURI ミムリ

這是紡織品設計師MIMURI女士的工作室兼商店，宛如盛夏沖繩景色般鮮豔的商品很豐富。

▌國際通▐ ▶MAP 附錄 P.16 B-3
☎050-1122-4516 休週四 🕐10:30〜17:00（週五、六〜19:00） ♀那覇市松尾2-7-8 🚃Yui-Rail牧志站步行10分 🅿無

5

1. 雜糧植物肉漢堡￥1,680 2. 招牌菜色島嶼豆腐素食塔可飯￥1,680 3. 由沖繩古民家翻修而成的店鋪 4. 除了桌椅座之外，2樓也有榻榻米包廂 5. 店鋪設有庭院，攜家帶眷光顧也輕鬆愜意

乾杯～

到泡盛酒迷蜂擁而至的
名店乾杯！

MENU
A. 燉豬肉 ￥950　B. 花生豆腐 ￥594
C. 炸紅地瓜餅 ￥594　D. 炸田芋泥餅￥
713　E. 涼拌碎豆腐齒葉苦蕒菜 ￥713
F. 苦瓜雜炒 ￥713

1

到
南國居酒屋×泡盛酒
輕鬆小酌

旅途中遇到的可口料理和美酒，是製造回憶不可或缺之物。
就以南國沖繩才有的山珍海味和泡盛酒乾杯！

なかむら家 久茂地店
なかむらやくもじてん

經過料理主廚鑑定而採購的鮮魚就陳列在櫃臺上。能夠品嚐縣魚烏尾冬仔、石斑魚、綠鸚嘴魚及其他南國鮮魚做成的家常菜。

國際通 ▶ **MAP** 附錄 P.16 B-2

☎098-861-8751　休週日、假日、舊曆盂蘭盆節　⏱17:00～22:00　♀那霸市久茂地3-15-2　🚃Yui-Rail縣庁前站步行5分　Ⓟ無

這家店以電影《淚光閃閃》的拍攝地廣為人知

吸引追求美味魚鮮和好酒的客人

照片為3人份

烏尾冬仔

2

1. 當日特選綜合生魚片(1人份)
￥770　能夠品嚐當季的近海魚
2. 酥炸烏尾冬仔￥648　擠上檸檬汁，將整隻魚從頭品嚐到尾

推薦泡盛酒 Selection

うりずん
うりずん特製12年古酒
（30度，Karakara酒器）
¥1,604

擁有古酒的醍醐味，能夠品嚐芳醇的香氣和深邃的滋味。

カラカラとちぶぐゎ〜
（右）沖繩縣酒造協同組合的南風
（30度，180 mL）¥900

以均衡的風味讓人感受到甘甜，口感溫和。

（中）新里酒造的琉球
（30度，180 mL）¥900

特色在於輕盈的口感和水果的香氣，初次飲酒的人也容易入口。

（左）まさひろ酒造的昌廣
（30度，180 mL）¥900

保留傳統風味，口感溫和的基本款泡盛酒。

うりずん

1972年開店以來，持續推廣以甕熟成8年以上的泡盛古酒魅力。除了獨創的古酒之外，還網羅200種以上品牌的泡盛酒，適合下酒的沖繩料理也很豐富。這家店生意興隆，最好事先預約。

國際通　MAP 附錄 P.17 D-3　®
☎098-885-2178　休 無休　⏰17:30〜23:00
📍那霸市安里388-5　🚃Yui-Rail安里站即到　🅿無

苦瓜

菜餚盛放在陶瓷器上

1. 沖繩風味的單點菜。基本款菜色群集的全餐也很受歡迎　2. 與工作人員也聊得很起勁　3. 透心涼的奧利恩酒也準備上桌　4. 帶有風情的店持續守護象徵沖繩文化的古酒　5. 這家店的元祖招牌菜「炸田芋泥餅」是田芋混合豬肉和香菇的油炸料理　6. 苦瓜和稍硬的島嶼豆腐用蛋拌炒的菜色，獨特的苦味讓人上癮

カラカラとちぶぐゎ〜

這家店的老闆曾編輯過泡盛酒和沖繩料理的情報誌，提供縣內所有酒廠約100種主要品牌酒，從新酒到稀有的40年古酒都有。

國際通　MAP 附錄 P.16 B-2　®
☎098-861-1194　休 週日　⏰18:00〜23:00　📍那霸市久茂地3-15-15 第二やまとビル 1F　🚃Yui-Rail県庁前站步行5分　🅿無

3位泡盛酒專家爽快幫忙挑選泡盛酒和料理

AGU PORK

泡盛酒專家以美酒和料理款待來客

1. 島嶼阿古豬鐵板燒 ¥900　阿古豬的特色在於油脂甘甜，與泡盛酒相當對味　香檸醃製島嶼章魚 ¥850　用香檸醃過的新鮮島嶼章魚口感十分清爽

新建市場在
2023年3月19日開幕！

（※照片為舊市場營業時的樣子）

第一牧志公設市場
だいいちまきしこうせついちば

從1950年開設起就是受到當地愛戴的庶民廚房。市場內集沖繩飲食文化於一爐，豐富多姿的店家鱗次櫛比，販賣精肉、鮮魚、蔬菜、特產、加工品，或是開設食堂等。說不定還會遇上珍奇的食材。

國際通　▶MAP 附錄 P.17 C-3

☎098-867-6560 休第4個週日（12月除外）、新年、舊曆新年、舊曆盂蘭盆節（視店鋪而異） ⏰8:00～22:00（視店鋪而異，2樓食堂為～20:00）

📍那霸市松尾2-10-1 🚃Yui-Rail牧志站步行9分

🅿無

體驗沖繩人的生活

到第一牧志公設市場

以「那霸廚房」之名深受喜愛

這裡是熱門的觀光名勝，擺滿當地新鮮的食材、特產及加工品。市場人聲鼎沸的氛圍增添了沖繩的氣息。

Fresh!!

1. 市場內擺滿顏色鮮豔的魚貝類。假如要上樓請人代煮，就會當場幫忙切好　2. 沖繩麵是以量計價　3. 可以買海葡萄當伴手禮　4. 店員笑容可掬地推銷試吃醬菜　5. 種類五花八門的魚板一應俱全　6. 這裡也會販賣1人份的生魚片，還有用餐空間

1樓買2樓吃

上樓代煮

到1樓的鮮魚店購買喜歡的魚貝類，讓老闆幫忙切好，再到2樓的食堂請人代煮，這是市場特有的吃法（烹調費另計）。

魚要拿到2樓代煮♪

這次買的魚有
烏尾冬仔和綠鸚嘴魚

綠鸚嘴魚

生魚片

勾芡

烏尾冬仔　油炸

來吧

Come on!

到市場逛一逛♪

Okinawa
KOKUSAI ST.

第一牧志公設市場

13

11

8

點心鳳梨能夠直接撕來吃喔

Look!!

7

TROPICAL

14

12

10

7.8. 傳說中的太陽眼鏡豬。因為豬類肉是商品，所以豬頭不見得會擺在貨架上　9. 豬肉午餐肉是沖繩基本款家常菜豬肉蛋的必備食材　10. 島嶼香蕉的特色是小巧而帶有酸味　11. 想要買來當作手禮地當季水果。也要記得問老闆怎麼吃才美味　12. 與店裡的人交談也是樂趣之一　13. 冰檸檬指的是香檸果汁　14. 上2樓吃想吃的義式冰淇淋

展示之餘以重新修葺為目標

訴說琉球王國的歷史
前往首里城公園

遙想存續了約450年的琉球王國，
巡訪史蹟享受歷史散步的樂趣。

首里城公園
じゅりじょうこうえん

這座約18公頃的國營公園是以首里城為中心修建而成，首里城曾是琉球王國的中樞，國王的居城。首里城跡和園比屋武御嶽石門等地，以「琉球王國的御城與相關遺產群」的名義登錄為世界遺產。城郭的守禮門高掛著「守禮之邦」的匾額，除了部分區域外均可入場。

那霸、首里 ▶ MAP 附錄 P.18 A-2

☎098-886-2020（首里城公園管理中心）休7月第1個週三及其翌日 時首里杜館和城郭內免費區域8:30～18:00，城郭內付費區域9:00～17:30 ¥入園免費，付費區域入場費400円 所那霸市首里金城町1-2 ▌Yui-Rail首里站步行15分 P60～115輛

TOTAL 2.0H

12:00
9:00 — 15:00
18:00

ROUTE
能夠逛完P.61首里城公園
MAP的景點①～⑨

BEST TIME／中午
能夠避開人潮
慢慢參觀

實際數據指出，人潮洶湧的時段在9～11時和15～16時，週末特別擁擠不堪。

CHECK POINT

&MORE

什麼是琉球王國？

存在於距今約140年前的獨立國家。約450年的歷史當中與中國等地不斷交流，發展為海洋國家。

什麼是首里城？

有力的說法是創建於13～14世紀，既是國王的居城，同時也擔負政治和外交的中樞。雖然在戰禍中燒毀後復原了大約9成，2019年10月的火災卻焚毀正殿、北殿及南殿等共9棟建築，是史上第5次的災禍。

©国営沖縄記念公園（首里城公園）

❸歡會門 /かんかいもん

石造的拱形門上搭設木製的箭樓。「歡會」兩字含有歡迎訪客之意。

❹瑞泉門 ずいせんもん

因為門前有湧泉而得名，意思是「優異、吉祥的泉水」。

❻西臺 いりのアザナ

這座標高約130公尺的瞭望臺建於城郭西側，是能看到那霸市區、那霸港及慶良間群島的觀景點。

❾園比屋武御嶽石門 そのひゃんうたきいしもん

國王出城之前祈求路途平安的拜所，是世界遺產之一。據說後方遼闊的森林寄宿著神明。

●首里城公園MAP●

■ 免費區域
■ 付費區域
■ 禁止進入區域

※公開區域和最新資訊請查看首里城公園官網。
https://oki-park.jp/shurijo/

旅遊資訊和伴手禮都在這裡取得！
▌首里杜館 すいむいかん

這座資訊中心蓋在公園入口，包含學習首里城相關知識的資訊展覽室、餐廳、店鋪及停車場等。就先在這裡獲得觀光情報吧。

紅型鹽袋 各￥941
依照沖繩風俗放入鹽巴的護身符

首里城霜淇淋 ￥400
只在首里杜館前賣店販售的限定霜淇淋

Eisa

太鼓之聲讓人心兒咚咚跳♪

DON DON

魄力非凡！迷戀哎薩舞

雄壯的太鼓之聲和舞蹈震撼人心。

「哎薩舞」是青年會的男女在舊曆孟蘭盆節時期，為了祭祀祖先的靈魂，而在地區境內跳舞遊行的傳統藝能。隊伍由大大小小的太鼓、三線及舞者組成，每個地區的型態各有不同。隨著「咿——呀——薩——！」的雄壯吆喝聲，響徹身體深處的太鼓之聲和一絲不亂的舞蹈，讓觀眾的心情為之高亢，撼動靈魂。

除了沖繩全島哎薩祭匯集各個地區的哎薩舞，以及其他許多類似的觀光活動之外，沖繩世界和琉球村也會天天表演哎薩舞。具有魄力的鼓聲和舞蹈，保證讓人心兒咚咚跳！

↙舞獅也會上場

Ⓐ

雄壯的大太鼓讓人目不轉睛

動感十足！

Ⓐ

Ⓑ

Ⓑ

Ⓐ

哎薩舞之華：締太鼓

Ⓑ 吆喝聲和太鼓聲響起
琉球村
りゅうきゅうむら

遷建紅瓦古民家，重現琉球時代的村莊。中央廣場可以就近欣賞一絲不亂，動感十足的哎薩舞。哎薩舞表演1天會舉行4次。

中部 ▶ MAP 附錄 P.8 A-1

☎098-965-1234　休不定休　🕙10:00～15:00
¥入場費1500円　♀恩納村山田1130
🚗石川IC 6km　P200輛

Ⓐ 超級哎薩舞魄力非凡
沖繩世界
おきなわワールド

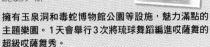

擁有玉泉洞和毒蛇博物館公園等設施，魅力滿點的主題樂園。1天會舉行3次將琉球舞蹈編進哎薩舞的超級哎薩舞秀。

南部 ▶ MAP 附錄 P.5 C-3

☎098-949-7421　休無休　🕙9:00～16:00
¥入場費2000円　♀南城市玉城前川1336
🚗南風原南IC 6km　P400輛

網羅眾多美食！

Gourmet

採用沖繩縣產蔬菜和水果，
五彩繽粉＆強而有力的
各式沖繩美食。
讓我們開始補充旅行的精力吧。

Eat colorful foods!

the Sea
サン一
≫P.77

Soul Food

沖繩之旅開始前一定要吃這道！

要去就去這裡！那霸、首里的沖繩麵

說到縣民的靈魂美食就是沖繩麵，哪怕排隊也一定要吃到這份經典滋味。
就連乍看之下個性十足的鮮綠色沖繩麵，也是受到縣民喜愛的口味。

▶▶▶ **OTHER MENU** ◀◀◀

雜炊飯
¥200
加了豬里肌肉、
昆布、紅蘿蔔、蔥
及其他材料的沖
繩風炊飯

善哉
¥250
在得甜甜的金時
紅豆上覆蓋清涼
的刨冰。裡頭加
了白湯圓

&MORE

沖繩麵行家
的吃法

只要在吃的途中加一點
泡盛辣椒或沖繩艾草，
沖繩麵的風味就會變得
更加豐富。

▌泡盛辣椒
將島嶼辣椒放進
泡盛酒醃漬而
成。只要加幾滴
就好，小心別放
太多。

▌沖繩艾草（魁蒿）

香氣豐沛，還以藥草聞名的
魁蒿，是受到沖繩縣民喜愛
的食材。

麵條嚼勁強烈的自
家製手打麵。上頭
放著切成厚片的三
層肉和豬里肌肉

menu
首里麵（中）
¥500

繼承名店滋味的
自家製手打麵

1

1. 透明的高湯是店鋪的絕活。有時開店2小時
就會賣完　2. 沖繩常見的紅黃筷子，稱為
Ume-shi　3. 入口宛如私人住宅的玄關，要
脫鞋才能進入店內

首里そば
しゅりそば

這家店繼承過去首里名店的廚藝，繁忙期從清晨5
時開始工作，每天早上製作的麵條要配合氣溫和溼
度改變水和麵粉的比例，特色是擁有強烈的嚼勁和
彈力。湯頭是風味豐富的鰹魚高湯加上熬煮5小時
的豬骨高湯，再以島鹽調味。深邃濃郁的絕妙滋
味，真想不留一滴嚐到最後一口。

那霸、首里 ▶ **MAP** 附錄 P.18 B-2
☎ 098-884-0556　🈲 週四、日　🕚 11:30～14:30（售完打
烊）　📍 那覇市首里赤田町1-7　🚃 Yui-Rail首里站步行5分
🅿 7輛

2

3

Gourmet

沖繩麵

Okinawan Soul Food

甚至能遮住麵條

不容忽視的三層肉

menu
三層肉麵
￥850

1

楚辺
そべ

學西餐出身的老闆做出的沖繩麵，悉心萃取的高湯是雅致的滋味。三層肉麵覆蓋的大肉片有三片，帶有咬勁。還有排骨麵、豬腳麵和豆芽菜麵等麵類，也都能升級成定食。

那霸、首里 ▶ MAP 附錄 P.6 B-3
☎098-853-7224
休不定休、舊曆盂蘭盆節 ⏰11:30～20:30
📍那霸市楚辺2-37-40
🚃Yui-Rail壺川站步行15分
🅿30輛

1. 湯頭是從鰹魚和豬骨分別萃取的高湯，混合出暢快的滋味　2. 宛如被綠意包圍的建築　3. 入店方式是在玄關脫鞋。和式座位可容納70人

木灰そば とらや
もっかいそばとらや

老闆自學的沖繩麵很講究，會燃燒木材調製灰水再手工製麵。秘不外傳的自家製麵條風味豐富，在以日本國產鰹魚為基底的清澈湯頭中散發光澤。為了能夠品嚐麵條和湯頭的美味，排骨會盛裝在另一個盤子端上桌。

那霸、首里 ▶ MAP 附錄 P.6 A-4
☎098-858-2077　休週二（逢假日則翌日休）、舊曆盂蘭盆節　⏰11:00～16:30（售完打烊）　📍那霸市赤嶺1-5-14 金城ビル1F　🚃Yui-Rail小禄站步行5分　🅿5輛

1. 麵條可選擇中細麵或扁麵，容器使用陶瓷器　2. 店鋪位在Yui-Rail赤嶺站和小禄站之間　3. 以前便當店留下的大吧台由老闆手工製成

Nice Volume

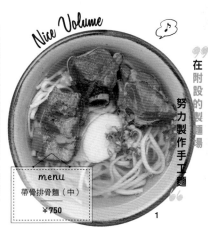

在附設的製麵湯努力製作手工麵

menu
帶骨排骨麵（中）
￥750

1

It's so Delicious

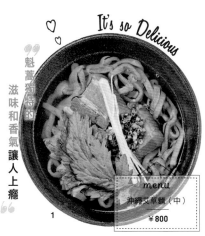

魁蒿獨特的滋味和香氣讓人上癮

menu
沖繩艾草麵（中）
￥800

1

てぃあんだー

氣氛宛如咖啡廳的專賣店，女性一個人也能輕鬆來訪。自家製的手打麵頗受好評，提供混合了無漂白麵粉的純麵，以及麵裡添加縣產魁蒿的鮮綠色沖繩艾草麵。能夠配合喜好選擇粗麵和細麵也讓人開心。

那霸、首里 ▶ MAP 附錄 P.6 B-3
☎098-861-1152　休週一、二　⏰11:00～售完打烊　📍那霸市天久1-6-10 フォーシーズンズコート 1F　🚃Yui-Railおもろまち站步行20分　🅿有契約停車場

1. 這碗麵加了縣產魁蒿當配料，散發豐沛的香氣　2. 採光明亮的開放感建築　3. 用以前的腳踏式縫紉機當餐桌

沖繩麵的配料變化豐富，可以做成豆腐花麵、豬腳麵及海藻麵等。試吃比較也是件樂事。

Local Cuisine

享用島嶼的佳餚！

私藏沖繩料理

美食是開心旅行的重要精華。品嚐以大量五顏六色的島嶼蔬菜、水果、島嶼豬肉、新鮮魚貝類及其他食材製作的進階沖繩料理，是旅途才有的奢華享受，各位覺得如何呢？

守護傳統的同時持續進化

沖繩料理的新風格

menu
梯梧全餐
¥3,300（2人份～）

2人份以上即可點到匯集單品熱門菜色的划算全餐，並以大盤菜的方式上桌。料理使用當令食材，內容依季節而異。

3

1. 店鋪的構造採用傳統沖繩民家的樣式　2. 店內有桌椅座和吧檯座　3. 從食材到容器，甚至連紡織品都重視「沖繩」要素的老闆小渡榮先生

榮料理店
さかえりょうりてん

店家將傳統沖繩料理融合日本料理和其他類型料理的要素，推出新風格的沖繩料理。為了讓人感受沖繩緩慢的季節變化，店家會把握食材短暫的產季，做成料理的主菜或萃取為醬汁。每天都有許多顧客光顧，選購¥3,300起跳的全餐料理或單點菜，以求品嚐這裡獨有的滋味。

中部　▶MAP 附錄P.8 B-1

☎098-964-7733　休週日、不定休　⏰17:00~23:00　📍うるま市石川伊波1553-463　🚃石川IC 1km　🅿15輛

當日特選菜的一例 7

油炸花生豆腐 4

季節開胃菜 1

蓮葉包飯 8

海葡萄炒麵線 5

本日義式田園涼拌鮮魚 2

▼1. 照片為醬汁浸火龍果新芽 ▼2. 前菜是辣度適中的山葵菜和近海生鮪魚 ▼3. 木瓜、紅鳳菜及其他沖繩風味的蔬菜一應俱全 ▼4. 裹上紅地瓜粉油炸而成，外酥內嫩的口感讓人欲罷不能 ▼5. 紫蘇和菠菜的醬汁是關鍵 ▼6. 鮮嫩多汁的炸豬腳淋上黑醋醬，是店裡的原創菜色 ▼7. 用Q軟麵團包住新鮮海髮菜和蝦子煮成，感覺像是水餃 ▼8. 鄉土料理沖繩雜炊飯變化而成的炊飯

南蠻黑醋炸豬腳 6

沖繩彩蔬沙拉 3

 ▶▶▶ A LA CARTE ◀◀◀

檸檬汁醃近海硨磲貝
￥860
用香檬製的柚子醋將甜苦兼備的硨磲貝調成清爽的滋味

韭菜餡的炸紅地瓜饅頭
￥520
將豬肉和韭菜包進紅地瓜的麵團，先蒸後炸

4. 浸泡沖繩果實的利口酒種類也很豐富 5. 醇味和甜味均衡的甕釀古酒 6. 能夠感受木頭溫暖的安詳空間

懂得在沖繩料理店留意襯托菜色的陶瓷器，就是行家的吃法。

Let's go!

Relax Time

歡迎來到藍色世界一望無盡的絕景空間！

到散發海洋氣息的咖啡廳小憩一下

海洋的顏色
會隨著時間變化

陶醉在讓人朝思暮想的沖繩藍色天地，同時享用午餐和甜點。
圍繞在充滿開放感的爽快景色和美味食物中，簡直是幸福的一刻。

Croque Monsieur

4

1

手工的
溫和滋味

▶▶▶ OTHER MENU ◀◀◀

手工司康
¥440

炭燒綜合咖啡
¥550

法式巧克力蛋糕
¥440

3

2

1. 漲潮和退潮的景色不同，要事先查詢漲潮的時刻　2. 在木質地板的露臺座享受悠閒時光　3. 退潮時可以走下通往海濱的階梯　4. 火腿起司三明治¥440，扶桑花百香果漸層茶¥605

12張窗邊座位能夠眺望藍海
要鎖定漲潮的時候盡早佔位

浜辺の茶屋
はまべのちゃや

建築突出到海面，漲潮時會讓人有一種身處在海上的錯覺。只要打開吧檯座的窗戶，藍海和藍天的世界就會躍入眼簾。另一方面，退潮時會露出廣闊的泥灘，能夠下到海濱散步。真想來份飲料或甜點，同時欣賞瞬息萬變的景色。

　南部　　**MAP** 附錄 P.5 D-3

☎098-948-2073　🈚無休
🕚11:00～17:00（週五～日為8:00～）
📍南城市玉城字玉城2-1　🚗南風原南IC 10km　🅿40輛

+Curry

Ocean

1. 從約30個座位的木質露臺眺望大海另一頭的Komaka島和久高島 2. 悠閒坐在庭院裡的長椅或鞦韆上 3. 店家用地內還有販賣蔬菜或香草的商店 4. くるくま特餐 ¥1,899

延伸到無窮無盡水平線就在眼前

カフェくるくま

能夠從標高140公尺處眺望清爽景色的亞洲香草餐廳。使用無農藥栽培的新鮮香草，發揮泰國主廚的手藝。除了原創咖哩之外，正宗辣味泰式咖哩和泰國菜也一應俱全。

南部 ▶ MAP 附錄 P.5 D-2
☎ 098-949-1189 休 無休
🕐 11:00～16:00（週六、日，假日為10:00～17:00） ♀ 南城市知念字知念1190
🚗 南風原北IC 19km P 40輛

一個人獨占紅瓦屋頂下的絕景

花人逢
かじんほう

建於能夠眺望東海的高臺，紅瓦屋頂的古民家風格咖啡廳。搶手的自家製披薩口感Q軟，此外還有沙拉和飲料等。店家不開放訂位，常常在開店的同時就客滿，要盡早光顧。

北部 ▶ MAP 附錄 P.12 A-2
☎ 0980-47-5537 休 週二、三、舊曆盂蘭盆節 🕐 11:30～18:30 ♀ 本部町山里1153-2 🚗 許田IC 22km P 25輛

+Pizza

4

1

1. 從海拔105公尺眺望的視野很好。可眺望180度的海景 2. 店內通風良好，建議坐在緣廊的座位上 3. 看到這個招牌就表示店鋪在不遠處 4. 披薩（中）¥2,400。小尺寸為¥1,200

+Dessert

4

Nice View!

1. 古民家風格的外觀就像圖書館般可愛 2. 店鋪的一側為開放式設計，舒暢的風會吹送進來 3. 裝飾在架上的陶瓷器很時尚 4. 今歸仁西瓜雪酪 ¥400（夏季限定）和其他飲品

宛如處在海洋和天空之間

カフェこくう

位在高地上可俯瞰海洋的別墅區內。露天開放式空間中，能夠品嚐融合日本料理和長壽飲食的當日特選午餐盤。配菜則使用今歸仁村契約農家送來的島嶼蔬菜，以無農藥自然農法栽培而成，種類多采多姿。

北部 ▶ MAP 附錄 P.12 B-2
☎ 0980-56-1321 休 週日、一 🕐 11:30～16:30 ♀ 今歸仁村諸志2031-138 希望が丘內 🚗 許田IC 24km P 30輛

風光秀麗的座位基本上多半無法預約，要預留多餘時間再行前往。

@369 farm cafe

I love it !

南國水果的甜蜜誘惑

冰涼可愛的惹人愛甜點①

沖繩甜點使用芒果、百香果及其他熱帶南國水果。
從芳醇水果散發的多汁誘惑，讓人視線不由得吸引過去。

@喫茶ニワトリ

宛如水果花在盛放

🗨 還個好喜歡 ♥
熱帶水果聖代
¥980
滿滿的水果配上芒果冰淇淋。
開放內用
全年
B

🗨 還個好喜歡 ♥
百香果芒果
奶油刨冰（一般大小）¥810
以煉乳為基底的冰，蓋上加
了奶油起司的發泡鮮奶油
全年

A

糖漿使用山原產的水果

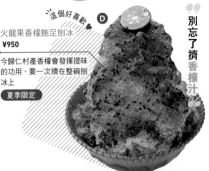

🗨 這個好喜歡 ♥
D
火龍果香檬飽足刨冰
¥950
今歸仁村產香檬會發揮提神
的功用，要一次擠在整碗刨
冰上
夏季限定

別忘了擠香檬汁

紅地瓜溫和的甜味飄散開來

🗨 這個好喜歡 ♥
紅地瓜
香蕉蔬果昔 ¥713
縣產紅地瓜加豆漿混合的健
康蔬果昔
全年
C

景致絕佳的水果咖啡廳

松田商店 B E
まつだしょうてん

使用的水果是從老闆的父母在屋我地
島經營的果園採收而來。招牌甜點是
大碗的伊江島城山刨冰，能夠一次品
嚐芒果、鳳梨等共4種水果。還可以享
用滿滿水果的聖代和鬆餅。

北部 ▶ MAP 附錄 P.12 A-2
☎0980-43-6005 休週四（8月為無休）
🕐9:00～17:00 📍本部町健堅127
🚗許田IC 22km 🅿4輛

內用外帶都可以

惹人愛 ♥ 之處
店內看得到海景，
還可以眺望瀨底大
橋優美的外型。

變化多端的手工刨冰

369 farm cafe A H
みるくふぁーむカフェ

使用手工糖漿和煉乳製作的刨冰很搶
手。百香果芒果奶油刨冰帶有百香果
的酸甜，與煉乳的溫和甘甜很對味。
還能享用稀有的100%沖繩縣產咖啡，
咖啡豆從栽培到烘焙都在自家進行。

位在縣道84號上，牆
面的流行色調是標誌

北部 ▶ MAP 附錄 P.12 B-3
☎080-6497-3690 休週三、四
🕐11:30～18:00 📍名護市宮里1007
🚗許田IC 10km 🅿7輛

惹人愛 ♥ 之處
刨冰口味豐富，包
含期間限定的在內
約有16種。

Gourmet

惹人愛甜點

\\PICK UP\\

南國水果指南

火龍果
果肉分為紅白兩色，帶有運動飲料般的清爽滋味
產季：7～9月

百香果
帶籽的果凍狀果實洋溢酸甜香氣
產季：4～7月

鳳梨
成熟後才採收，香氣豐富且帶有甜味
產季：6～8月

芒果
擁有芳醇的香氣和濃郁甜味的水果之王
產季：7～8月

這個好喜歡 ♥ **F**

百香果刨冰
¥950

整顆果實和種籽統統變身為糖漿，散發順口的甘甜
夏季限定

直接品嚐果實的滋味

這個好喜歡 ♥

伊江島城山刨冰
¥1,000

百香果×芒果×鳳梨×草莓的混合口味
全年

能夠一次享受各種滋味好幸福 **E**

紅地瓜的紫色真美是當地客也熱愛的滋味

這個好喜歡 ♥ **H**

紅地瓜牛奶善哉刨冰
（一般份量）¥730

沖繩縣產紅地瓜和手工煉乳糖漿，與鬆軟的紅豆相當對味
全年

從鮮明的顏色獲得精力

這個好喜歡 ♥ **G**

熱帶豔陽蔬果昔
¥791

濃郁的縣產芒果配上鳳梨等配料，滿滿都是水果
全年

SO GOOD

透過刨冰品嚐季節的滋味

喫茶ニワトリ **D** **F**
きっさニワトリ

這家店在熱門麵包糕點店「ippe coppe」（▶P.107）的庭院中營業。夏季可以品嚐水果刨冰，冬季則能享用法式吐司或咖啡等。

在庭院的樹蔭下享受甜點時光

中部 ▶**MAP** 附錄 P.18 B-4
☎ 098-877-6189（ippe coppe）
㊡ 週二、三、第3個週一、天候不佳時
⏰ 13:30～18:00（夏季逢週六、日、假日為11:30～，售完打烊）
📍 浦添市港川2-16-1 #26 ippe coppe 腹地內 🚗 西原IC 5km 🅿 無

惹人愛♥之處
放在刨冰上的配料是從縣內契約農家進貨的當季水果。

來杯蔬果昔補充維他命

Vita Smoothies **C** **G**
ビタスムージーズ

使用大量水果和蔬菜的蔬果昔專賣店，網羅20種以上的蔬果昔，包含沖繩縣產芒果及其他色彩繽紛的水果、紅地瓜、木瓜等。期間限定風味和熱蔬果昔也值得品嚐。

牆面的流行色調誘人進入店內

那霸、首里 ▶**MAP** 附錄 P.16 B-2
☎ 098-863-3929 ㊡ 週二、舊曆盂蘭盆節 ⏰ 11:30～18:00 📍 那覇市牧志2-17-17 まきしビル 1F 🚋 Yui-Rail美栄橋站即到 🅿 無

惹人愛♥之處
點綴蔬果昔的原創琉球玻璃杯很可愛，還可以買來帶回家。

---

71 還有店家販賣自家製果醬和當季水果，也很適合當伴手禮。

@Yanbaru Gelato本店

I love it !

鮮明的顏色讓人幹勁漲到最高點
冰涼可愛的惹人愛甜點②

除了盛裝大量水果的刨冰之外，值得矚目的甜點還有很多。
流行配色的刨冰、義式冰淇淋，以及其他賞心悅目的可口甜點一應俱全。

@ひがし食堂

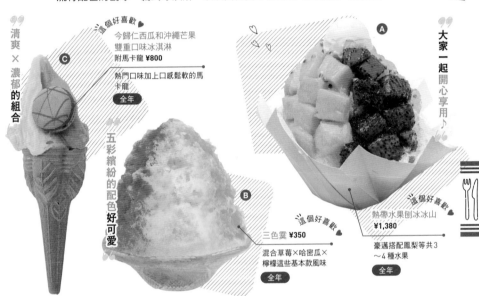

清爽×濃郁的組合

這個好喜歡♥
今歸仁西瓜和沖繩芒果
雙重口味冰淇淋
附馬卡龍 ¥800
熱門口味加上口感鬆軟的馬卡龍
全年

C

五彩繽紛的配色好可愛

A

大家一起開心享用♪

B

三色霙 ¥350
混合草莓×哈密瓜×檸檬這些基本款風味
全年

這個好喜歡♥
熱帶水果刨冰冰山
¥1,380
豪邁搭配鳳梨等共3～4種水果
全年

蔬菜義式冰淇淋也很吸引人

Yanbaru Gelato本店 C E
やんばるジェラートほんてん

使用沖繩縣產水果和蔬菜的義式冰淇淋店。牛奶使用南城市EM玉城牧場的產品，堅持地產地消。雙重口味的甜筒為¥600起。

中部 ▶ MAP 附錄 P.7 C-2
☎098-943-5434 休第1個週二
🕐11:00～19:00 📍宜野灣市嘉數3-19-1
🚗西原IC 3km P1輛

惹人愛♥之處
活用食材原有滋味的義式冰淇淋

縣內開設4家店的熱門店家

懷舊滋味的刨冰

ひがし食堂 B F
ひがししょくどう

以正餐和豐富的菜色為豪。風評特別好的是匯集21種口味的刨冰，溫和的甜味讓人在夏天大排長龍。

北部 ▶ MAP 附錄 P.12 B-3
☎0980-53-4084 休無休
🕐11:00～18:00 📍名護市大東2-7-1
🚗許田IC 7km P5輛

惹人愛♥之處
刨冰軟綿細密，入口即化

散發舊日食堂的氣息

滿滿的南國水果

琉冰 おんなの駅店 A
りゅうぴんおんなのえきてん

滿滿季節水果的刨冰冰山很搶手，分量為2～3人份，建議點一碗分著吃。果汁也很豐富。

中部 ▶ MAP 附錄P.10 A-4
☎090-5932-4166 休無休 🕐10:00～19:00（11～2月為～18:00）📍恩納村仲泊1656-9 おんなの駅なかゆくい市場內 🚗石川IC 4km P150輛

惹人愛♥之處
以縣內農家進貨的水果為中心

店鋪為外帶形式

Gourmet

惹人愛甜點

F

甜蜜協調 牛奶和金時紅豆的

這個好喜歡♥
牛奶善哉冰 **¥420**

內有白湯圓的沖繩善哉加上煉乳更甘甜
全年

這個好喜歡♥
大地之香與鳳梨桶柑雙重口味冰淇淋 **¥700**

使用甜菜的「大地之香」曾榮獲國際大賽的亞軍
全年

E

衝擊力十足 甜菜的存在感

♥

這個好喜歡♥
沖繩火龍果優格桶柑刨冰 **¥700**

以沖繩縣產水果和優格營造爽口的滋味
全年

G

南國口味的刨冰讓人癡迷

這個好喜歡♥
沖繩百香果刨冰 **¥700**

水果醬汁上面覆蓋馬斯卡邦鮮奶油
全年

H

Drop Soda
扶桑花口味 **¥780**

這個好喜歡♥

五彩繽紛的配色彷彿要讓南國氣息高漲起來
全年

Delicious! ♥

I

就像寶石一樣 圓滾滾的果凍

Drop Soda
鳳梨口味 **¥720**

這個好喜歡♥

內有球狀果凍的蘇打，還可以依照喜好做成無氣泡
全年

J

沖繩紅地瓜雪花冰 **¥1,000**

這個好喜歡♥

宮古島產紫地瓜的紫色很鮮豔。添加珍珠粉圓和金楚糕
全年

♥ ♥

綿軟細密的臺灣刨冰 滋味濃郁

D

五彩繽紛的蘇打很搶手

Gallirallus **I** **J**
ガルリラルルス

以添加球狀果凍的蘇打和刨冰獲得好評的甜點咖啡廳。內有水果和食用花的果凍外觀也很可愛，總計5種。

[南部] ▶ MAP 附錄P.4 A-2

☎098-987-0908　休 無休　🕚11:00~20:30　🏠豐見城市瀨長174-6 瀨長島海風露臺＃46　✈那霸機場6km　Ｐ600輛

惹人愛♥之處
可愛到想先吃之前拍照

店面附近有露臺座

品嚐水果原本的美味

Ice Oasis むつみ橋通り本店 **D**
アイスオアシスむつみばしどおりほんてん

以結凍的蔬果泥削成的臺灣刨冰為豪。芒果、香檬及其他水果加工時不使用防腐劑和色素，能夠享用水果原本的滋味。

[國際通] ▶ MAP 附錄 P.17 C-3

☎098-988-8689　休 週一　🕥10:30~20:30　🏠那霸市牧志3-1-1 牧志水上店舖1F　✈Yui-Rail牧志站步行10分　Ｐ無

惹人愛♥之處
適合拍照的模樣引人注目

臺灣風格的立食店

手工醬汁刨冰

かんなplus **G** **H**
かんなプラス

口感清爽的刨冰與使用沖繩縣產水果的的手工醬汁是絕配。另有當日推薦菜單，要查看內容。

[中部] ▶ MAP 附錄 P.8 A-3

☎098-988-5688　休 不定休　🕛12:00~20:45　🏠北谷町宮城1-722 ベイリッチマンション1F　✈沖繩南IC 6km　Ｐ無

惹人愛♥之處
沖繩縣產的水果醬汁豐富

店內洋溢舒暢的氣氛

73　沖繩的善哉與日本本土不同，是在煮得甜甜的金時紅豆上覆蓋冰涼的刨冰。

Slow Food

舒適體驗舊時沖繩風

享用古民家飯的時光

古民家翻修而成的食堂，藉由「空間×料理」展現100%的沖繩情調！
就在紅瓦沖繩風住宅享受美食，度過悠閒祥和的時光吧。

在沖繩風的
舒適空間享受美食滋味

1. 石牆圍繞的住宅奇蹟般免於戰禍，建築物卻留下槍彈的痕跡
2. 屋頂上的風獅爺蘊含驅魔的意義，保護住宅和居民免受災禍
3. 興建於綠意圍繞的地點　4. 位在住宅中心的佛堂稱為二番座，要在這裡享用餐點

menu

ちなー御膳

¥2,170

✦ Soba

5. 套餐包含沖繩雜炊飯、燉豬肉、沖繩麵及甜點等　6. 海鮮勾芡淋盤裝麵（中）¥1,020

6

茶処 真壁ちなー

ちゃどころまかべちなー

在保留126年面貌的
紅瓦住宅悠閒享用午餐

穿過甘蔗田，前方就會出現保留至今的紅瓦屋頂、石牆及其他沖繩的原初風景，散發令人印象深刻的氣氛。1891年左右興建的母屋和整塊用地都是國家登錄有形文化財。招牌菜ちなー御膳除了花費精力和時間烹調的沖繩麵之外，也可以品嚐所有的沖繩家常菜。飯後則可以享用店家自製的香草沖泡的香草茶。

南部　▶MAP 附錄 P.4 B-4
☎098-997-3207　公休 週日、一
⏰11:00～16:00　📍糸満市真壁223
✈那霸機場13km　🅿10輛

74

Break Time

1. てぃーらぶい是「曬太陽」的意思。待在遮陽避雨，名為「雨端」的屋簷下聊天，是沖繩的日常生活　2. 店面位在寧靜的聚落　3. 用蒲葵葉的扇子搧涼

古民家食堂 てぃーらぶい
こみんかしょくどうてぃーらぶい

在位於聚落的古民家食堂
悠閒度過島嶼時光

橫跨架在藍海上的濱比嘉大橋，欣賞海中道路的絕景後，就會抵達保留舊日風情的濱比嘉島。島上有2個聚落，店面位在濱聚落的一角。該食堂以「回歸故里」為主題，重新修葺建築93年的古民家，塑造出穿越到古代沖繩般時光緩慢流逝的感覺。使用當地農家蔬菜烹調的湯類料理，也融匯了島嶼居民的創意。

中部　MAP附錄 P.9 D-3

☎ 098-977-7688　休週二、第2個週三
🕚 11:00～15:30　♀うるま市勝連浜56
🚗沖繩北IC 20km　P 8輛

4. 寬敞的二番座（佛堂）
5. 沖繩麵附花生豆腐天婦羅等小菜

menu
沖繩2大麵膳
¥1,320

しむじょう

在名列文化財的琉球住宅
享用沖繩麵

運用建築60年以上民家開設的沖繩麵店，以鰹魚高湯為基底的沖繩麵和定食菜色一應俱全。建於約150年前的石牆、名為「風呂」的豬舍、水池及其他相關設施，都已獲指定為國家登錄有形文化財。沖繩古民家特色在於正面的石牆，稱為「屏風」。除了遮擋目光的作用外，同時也有驅魔的意義。用餐之後真想在綠意盎然的庭院散步。

那霸、首里　▶ MAP附錄 P.18 A-1

☎ 098-884-1933　休週二、三　🕚 11:00～14:30（售完打烊）　♀那霸市首里末吉町2-124-1　🚃 Yui-Rail市立病院前站步行7分
P 15輛

Cool

1. 從庭院福木和蕨類的綠意獲得療癒，同時品嚐住宅或沖繩麵　2. 舊時的氣氛完整保留下來　3. 雄偉的石牆興建於明治中期　4. 發現一臉呆樣的風獅爺　5. 沖繩麵套餐有使用大量鰹魚煮成的沖繩麵，附當日特選小菜、雜炊飯、花生豆腐等

menu
沖繩麵套餐
¥1,100

家家戶戶坐鎮在紅瓦上的風獅爺姿態和表情形形色色，參觀比較也是件樂事。

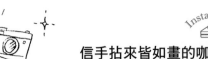

Insta Spot

信手拈來皆如畫的咖啡廳也能提振精神！

到熱門咖啡廳休息片刻

無論是由專為駐紮美軍建造的箱形「外國人住宅」翻修而成的咖啡廳，
或是店家以南國水果做成適合拍照的甜點，值得推薦的咖啡廳就在這裡。

在舒適的空間品嚐
自豪的琉京甜點

水果牛奶冰　時價
當天的時令水果糖漿是島嶼香
蕉、火龍果及西印度櫻桃

建於幽靜的住宅區。藍色招牌配上白牆給
人清爽的印象

宇治抹茶縣產黑糖聖代
¥950
抹茶和黑糖冰淇淋上頭放了白湯圓
和果凍，散發成熟的滋味

SANS SOUCI
サンスーシィ

由外國人住宅翻修而成的咖啡廳，能
夠品嚐「琉京」風格的料理和甜點，
做法是以沖繩縣產的食材、京都的高
湯、抹茶及其他和風要素搭配而成。
點心則推薦絕品刨冰，大量淋上的自
家製糖漿是以沖繩縣產水果為原料。
由於糖漿使用火龍果、島嶼香蕉及其
他時令水果，所以口味視季節而異。

中部 ▶ MAP 附錄 P.8 B-4

☎ 098-935-1012　休 週一、五
🕐 11:00～15:00　♥ 北中城村荻道150-3
🚗 北中城IC 3km　🅿 18輛

76

以沖繩的海水削成
散發度假氣息的刨冰

客製刨冰 ¥980～
照片為芒果和芭樂的雙重醬
汁，還能以沖繩鹽巴改變滋味

格蘭尼達　各¥840
義大利風格的刨冰，
能夠享受冰塊清脆的
顆粒感

時尚的店內以白色
為基調

享用加了沖繩縣產食材
的午餐或義式冰淇淋

♥YUMMY♥

雙口味義式冰淇淋
¥495
照片為椰子藍×火龍
果。附香川縣的點心
「花嫁果子」

雞肉茄子番茄
義大利麵
（附沙拉）
¥1,050
酸甜適中的番茄醬義
大利麵是基本款熱門
菜色

the Sea
ザシー

位在國際通附近巷弄的度假風刨冰專賣店。刨冰使用
100%沖繩海洋深層水的冰塊，四層結構中的果泥、
配料及水果開放客人自由選擇。還有雞尾酒風刨冰。

國際通　▶MAP附錄 P.17 C-3
☎098-943-7250　休週三　⏰11:00～21:00　♀那覇市牧志3-1-
16　🚊Yui-Rail牧志站步行7分　Ⓟ無

Okinawa Gelato & Cafe ISOLA
しまジェラートアンドカフェイゾラ

這裡能嚐到的義大利菜和義式冰淇淋，加了沖繩縣內
採收的蔬菜和水果。義式冰淇淋使用EM玉城牧場產
牛奶製作，活用新鮮食材的原味，濃郁滑順而入口即
化。店內隨時備齊10種口味。

中部　▶MAP附錄 P.8 A-2
☎098-957-0770　休週日　⏰11:00～19:00
♀読谷村渡辺1133 No.122　🚗沖繩北IC 12km　Ⓟ10輛

本島中部的宇流麻市和北中城村，遍布吸引時尚女子目光的外國人住宅咖啡廳。港川區域（▶P.106）也值得探訪！

Break Time

實在想藏私

小島上的可愛咖啡廳

有新發現！散步後就會

從沖繩本島過橋前往小島，再在那裡的咖啡廳度過悠閒的時光。
讓我們品嚐當地獨享的菜色，感受離島才有的氣息。

1
2
3

1. 店外飄揚法國三色國旗
2. 老闆自行翻修的店內洋溢手工的溫暖
3. 陳列五彩繽紛的可愛馬卡龍

《 Colorful 》

在自然環境圍繞的島嶼
享受法式點心

in 瀨底島

馬卡龍
1個 ¥200～

Ringo Cafe
リンゴカフェ

店鋪是由畜舍建築翻修而成，樸素的氣息融入瀨底島豐富的自然風景。無添加物且對身體無負擔的點心，是由法國西點師傅兼老闆逐一精心製成。馬卡龍從泡盛酒、香片茶等沖繩風口味到季節限定品項，隨時備齊約20種風味，無法預訂，想買要趁早光顧。

P	K	F	A
Q	L	G	B
R	M	H	C
S	N	I	D
T	O	J	E

A. 黑糖生薑　B. 東北鹽味毛豆泥　C. 巧克力甘納許　D. 百香果　E. 焦糖山葵　F. 鹽味焦糖　G. 鹽味開心果　H. 咖啡　I. 泡盛酒　J. 鹽味花生　K. 芝麻　L. 島嶼香蕉焦糖　M. 椰子　N. 黑醋栗藍莓　O. 香草莢　P. 蘭姆酒葡萄乾　Q. 香片茶　R. 草莓覆盆子　S. 鹽味杏仁果仁糖　T. 薔薇

北部　▶MAP 附錄P.12 A-2

🚩無　休週一～三　🕚11:00～16:00
📍本部町瀨底279　🚗許田IC 24km　🅿️7輛

來到提供島嶼甜甜圈＋雜貨的咖啡廳

度過悠閒的島嶼時光

島嶼甜甜圈
1個
¥180～200

\HAPPY/

A. 原味　B. 紅地瓜　C. 巧克力
D. 花生　E. 香蕉　F. 莓子奶油起司

in屋我地島

CALiN
カラン

這家店是名護市「しまドーナッツ」的姊妹店，後者以島嶼豆腐渣和豆漿製作的甜甜圈獲得好評。店內由古民家改裝而成，綠松石藍的牆壁讓人聯想到海洋的顏色，與佔滿整片大窗的樹林綠意呈鮮明對比。除了島嶼甜甜圈之外，使用大量山原島嶼蔬菜的三明治和其他正餐菜色也很豐富。

北部 ▶ MAP 附錄 P.13 C-2
☎0980-52-8200　休週一　◯11:00～16:30
（週六為～16:00）♀名護市運天原522　❦許田
IC 22km　P6輛

屋我地島幽靜的聚落當中，藍色的外牆引人注目

1. 從窗戶就能飽覽景色的吧臺座是特等席　2. 尺寸小巧容易入口的焗烤塔可飯￥842　3. 悠閒觀賞南國才有的植物也是件樂事　4. 還有販賣陶瓷器、飾品和其他嚴選雜貨

▶▶▶ ZAKKA ◀◀◀

しまドーナッツ×toncati的
甜甜圈胸針　各￥715
しまドーナッツ和toncati
的原創聯名商品

小泊良先生的鉤形杯
￥4,400
把手造型特殊的熱賣杯款，看到就立刻買下來吧

一翠窯的平盤
￥2,200
視覺重點在於五彩繽紛的線條，方便使用的方盤

這裡還有潮底海灘（❯❯P.89）和其他可以從本島輕鬆前往的島嶼海灘，請務必順道走訪。

Happy Day

開啟美味的1天

旅程中的早餐，要開動了！

旅途的早餐就是要以絕佳的地點和講究的早餐迎接，悠悠哉哉度過。
讓我們享用鬆餅、自家製麵包、日本料理和其他高級的沖繩早餐吧♪

4. 室內裝潢散發出宛如身在外國的氣氛　5. 顏色鮮豔的莓子蘇打
¥450

1. GOOD DAY BREAKY
等餐點，脆煎的培根香
氣四溢　2. 外帶由此去
3. 充滿度假感的店內

menu
法式吐司
¥580（照片右上）
拿鐵咖啡 ¥450

澳洲風格新意十足

GOOD DAY COFFEE
グッデイコーヒー

OPEN
6:00

咖啡廳位在許多外國人居住，以氣氛猶如外國度假勝地而深受喜愛的北谷町，從早上6點即可光顧。基本的早晨套餐GOOD DAY BREAKY、法式吐司、香草雞肉盤餐等分量十足。堅持嚴選的咖啡則使用澳洲拜倫灣的烘焙咖啡豆，滋味深邃。

▶中部 ▶MAP 附錄 P.8 A-3
☎090-4470-1173　休週一　◷6:00~15:00
♀北谷町浜川178-1　沖繩南IC 5km　P5輛

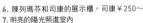

招牌也適合拍照

6. 陳列瑪芬和司康的展示櫃。司康 ¥250~
7. 明亮的陽光照進室內

✛*Bread*

在望海高臺享用烤好的麵包

PLOUGHMAN'S LUNCH BAKERY

ブラウマンズランチベーカリー

OPEN 9:00

這家麵包糕點店兼咖啡廳位在看得到海的小山丘上。店內由外國人住宅翻修而成，烤好的麵包香氣四溢，能夠品嚐以自家製麵包為主角的早餐。

中部 ▶MAP 附錄 P.8 B-4
☎098-979-9097 休週日
🕐9:00～15:00 ♀北中城村安谷屋927-2
🚗北中城IC 1km P10輛

1. 限量10份的AM盤餐 ¥1,300，附5種麵包、湯品及牛奶炒蛋等。2. 雅致的店內以灰泥漆成。3. 庭院也可以用餐。4. 店內陳列天然酵母的硬式麵包

✛*Miso*

用沿襲170年的傳統味噌做早餐

味噌めしや まるたま

みそめしやまるたま

OPEN 7:30

料理使用歷史悠久的味噌廠「玉那霸味噌」的產品烹調，種類從味噌湯到甜點五花八門。遵循傳統工法的自家製味噌，特色在於甘味和口感溫和。店內的空間就像是時尚咖啡廳。

那霸、首里 ▶MAP 附錄 P.16 A-3
☎098-831-7656 休週日、第2、4個週四
🕐7:30～14:30、17:00～22:00
♀那霸市泉崎2-4-3 1F
🚶Yui-Rail旭橋站步行7分 P無

1. 料多味噌湯套餐 ¥990。配料有紅豬和島嶼豆腐等，分量豐富。米飯可以選擇有機栽培的糙米或白米。2. 店內能夠悠閒享用餐點。3. 店面在馬路上很顯眼。4. 丸玉味噌王朝（500公克）¥750

✛*Breakfast*

果香十足的鬆餅

C&C BREAKFAST OKINAWA

シーアンドシーブレックファストオキナワ

OPEN 9:00

離第一牧志公設市場較近的咖啡廳。店家的理念是採用市場新鮮食材，烹調「旅途中享用的美味早餐」。備有鬆軟的鬆餅和巴西莓果碗等菜色。

那霸、首里 ▶MAP 附錄 P.17 C-3
☎098-927-9295 休週二
🕐9:00～14:00（週六、日、假日為8:00～）
♀那霸市松尾2-9-6
🚶Yui-Rail牧志站步行10分 P無

1. 舒芙蕾鬆餅水果特餐 ¥1,540，放上蒜香奶油蝦和煙燻鮭魚的C&C沙拉¥1,100 2. 北歐風的店內以白色為基調 3. 位在公設市場附近 4. 巴西莓果碗¥715

早餐是一天的活力來源，要藉由早餐攝取碳水化合物、蛋白質和維他命。讓我們積極食用島嶼蔬菜和沖繩水果吧！

速食基本款！

分量最足的沖繩漢堡！

美軍統治時代普及到沖繩的漢堡，是正宗的美國尺寸。
讓我們豪邁咬下洋溢肉汁的美味漢堡吧！

漢堡的高度

SMELLS GOOD!!

約 13 cm

《menu》
特製漢堡套餐
（附飲料）

¥1,930

1

GORDIE'S
ゴーディーズ

具有重量感的厚實漢堡

漢堡排使用粗牛絞肉，未經黏合製
作而成，能夠品嚐肉感十足的紮實滋
味。接著用炭火烤得美味多汁，與Q
軟的自家製麵包也十分對味。升級套
餐就會附薯條和飲料。

中部　▶MAP 附錄 P.8 A-3

☎ 098-926-0234
🈺 不定休　🕚 11:00～19:30
📍 北谷町砂辺100
🚗 沖繩南IC 5km
🅿 8輛

1. 配料豐富到快要從麵
包溢出來，包含漢堡
排、荷包蛋、培根及番
茄等　2. 店內洋溢時尚
的美式風情，外國客人
也很多

ToTo la Bebe Hamburger
トトラベベハンバーガー

這就是沖繩製造的漢堡

這家漢堡專賣店不只是麵包，就連漢
堡排、醬汁及西式醃苦瓜也統統由手
工製成。小火慢燻的自家製培根存在
感也很出眾。來豪邁品嚐剛做好的成
品吧。

北部　▶MAP 附錄 P.12 A-3

☎ 0980-47-5400　🈺 週四
🕚 11:00～15:00　📍 本部町崎本部16
🚗 許田IC 20km　🅿 8輛

1. 厚實的培根和自家製
漢堡排的最強搭配漢
堡，淋上日本國產蔬菜
與本部牛脂熬煮而成的
絕品醬汁　2. 雅致的外
觀讓人印象深刻　3. 採
光明亮的空間

漢堡的高度

約 11 cm

1

《menu》
特製漢堡

¥1,200

這也是Fast Food！

1. 撒上純素起司的超級純素塔可餅￥790　2. 採取櫃臺點餐的方式

TACOS

1

♥YUMMY♥

大口享用塔可餅，感受墨西哥的風情

ESPARZA'S TTACOS and COFFEE
エスパーザタコスアンドコーヒー

美軍基地周圍有許多塔可餅店，是本島中部耳熟能詳的當地美食。這家店的塔可餅以麵粉餅皮為基本款，尺寸也較大。

中部　▶MAP 附錄 P.8 A-3

☎098-926-1888　休無休　🕚11:00～21:00（週六、日為10:00～）　♥北谷町美浜3-1-10 1F　🚗沖繩南IC 5km　🅿15輛

TACO RICE

1

誕生於沖繩的塔可飯就在這裡

GATE 1
ゲートワン

誕生於沖繩的塔可飯以南美塔可餅為靈感，是沖繩具代表性的隨性美食。GATE 1使用日本國產越光米、礦泉水及其他嚴選食材，附餐菜色也很充實。

中部　▶MAP 附錄 P.11 C-3

☎098-968-3743　休無休
🕚10:00～20:30　♥金武町金武4257
🚗金武IC 2km
🅿使用町營停車場

1. 起司蔬菜塔可飯￥650。辣度不高，可以用附贈的醬汁增添辣度　2. 入口在披薩店的隔壁

 Yummy Beef

高CP值讓人大為滿足

沖繩尚好牛排

來自美國的食物在沖繩應有盡有。
可喜的是能以實惠的價格輕鬆品嚐道地的滋味。

 Let's Eat!!

A Sign
也值得留意

A Sign是美軍統治時代美軍公認的許可證，頒發給滋味和衛生通過嚴格標準的店家。現在仍有許多掛著標章的店鋪。

在沖繩的方言中是「優質」的意思

好吃～～yo～o～o～！

Very good

menu

丁骨牛排

¥4,500

能夠品嚐菲力和沙朗這兩種牛排，附米飯或麵包

1

在能一覽大海的絕佳地點品嚐的牛排格外美味

Emerald Ocean Side
エメラルドオーシャンサイド

搭乘電梯上到5樓，門一打開之後，躍入眼前的就是美麗的海景。陳列美國製古董家具的高格調空間，能夠輕鬆享用牛排和其他美式家常菜。

中部 ▶ **MAP** 附錄 P.8 A-3

☎ 098-936-8788　休週二、舊曆盂蘭盆節　⏰17:00～21:00（週六、日為12:00～）　♀北谷町宮城2-208 5F

🚗 沖繩南IC 5km　🅿 有契約停車場

1. 推薦三分熟牛排。吃到一半再添加原創醬汁
2. 店面位在建於宮城海岸前的5層樓大樓最上層　3. 午餐能夠嚐到的牛排和蛋 ¥1,300　4. 沉落海中的夕陽讓人隨時都想觀賞

1. 分量滿分的菲力牛排L
￥3,100　2. 進店之前要
看看燈號顏色判斷擁擠
程度　3. 店裡的菜單表
也有一番風味

以肉厚牛排塞滿肚皮

JACK'S STEAK HOUSE
ジャッキーステーキハウス

1953年創業的熱門店。依照顧客喜
好火候煎出的牛排，要淋上散發酸味
的原創醬汁嚐。店內擁擠的程度可
以查看入口上方的燈號顏色判斷，藍
燈亮起就是「有空位」。該店不開放
電話訂位，敬請留意。

那霸、首里 ▶ **MAP** 附錄 P.6 A-3
☎098-868-2408　休第2、4個週三
⏰11:00～翌1:00　◎那霸市西1-7-3
♨Yui-Rail旭橋站步行5分
🅿12輛

牛排

沖繩第一家免下車餐廳

SEA SIDE DRIVE-IN
シーサイドドライブイン

這家店是懷舊的美式風格餐廳，廣泛
獲得各個世代的喜愛。店內以牛排和
其他西餐為主，也有日本料理、中
菜、三明治等，菜色範圍很大。還有
24小時營業的外帶櫃臺，開放外帶。

中部 ▶ **MAP** 附錄 P.10 A-3
☎098-964-2272　休週三
⏰8:00～20:00（外帶為24小時）
◎恩納村仲泊885　◎石川IC 3km
🅿50輛

1. 肋骨牛排￥2,200。肉
塊下方有很多洋蔥　2.
霓虹燈隨著黃昏到來而
亮起　3. 大窗的另一頭
就會看到海

\\ Delicious //

1. 用200公克的菲力做成
的菲力牛排M￥3,135
2. 位在國際通沿路，購
物途中也可以順便吃個
飯　3. 縣內開設13家店
的熱門店家，要認明
「88」的招牌

種類豐富的牛排讓人興奮

STEAK HOUSE 88
国際通り店
ステーキハウスはちはちこくさいどおりてん

菜單羅列10種以上的牛排，從最高級
的石垣牛到日本國產牛都有。這間餐
廳的魅力在於能夠嚐到菲力牛排、
沙朗牛排及其他多種部位。附餐菜色
也很充實。

那霸、首里 ▶ **MAP** 附錄P.17 C-3
☎098-866-3760　休無休　⏰11:00～22:00
◎那霸市牧志3-1-6 勉強堂ビル 2F
♨Yui-Rail牧志站步行7分
🅿有契約停車場

COLUMN
Food Marché

宇流麻物產大集合

暢遊Urumarché市場♪

無論挑伴手禮或體驗新事物，這裡都辦得到。

宇流麻市值得注意的景點就在這裡，Urumarché市場。
來自宇流麻的美味食品也適合當伴手禮。

Urumarché市場
うるマルシェ

這間複合設施匯集了宇流麻市所產的美味食品。產地直銷店會陳列新鮮蔬果和加工品，也有地產地消餐廳「うるま市民食堂」和美食街等，還時常舉辦農業體驗、烹飪教室及其他體驗講座。

中部 ▶ **MAP** 附錄 P.8 B-3

☎ 098-923-3911　休不定休（餐廳為週三、四）
🕐 產地直銷店為9:00～20:00（美食街11:00～，餐廳為～21:00）　♀ うるま市前原183-2
🚗 沖繩北IC 6km　P 168輛

1. 島麥KANASAN蒸蛋糕各¥150　2. Urumarché這個名稱的由來是宇流麻（Uruma）當季食材一應俱全的市場（marché）　3. 產地直銷店陳列豐富的宇流麻產食材　4. CHURA．KA青切香檬點心¥360　5. 美味黃金雞各¥475　6. 當季芒果也能寄送到日本全國　7. Urumarché是觀光客和當地客聚集的地方　8. 珊瑚島巧克力餅乾（10個裝）¥1,080　9. 島嶼辣韮、楊桃及其他沖繩才有的食材這裡也找得到　10. 能在餐廳享用南國魚隻做成的料理　11. 沖繩島嶼辣椒組（一味、八味）¥1,800　12. 還能親身體驗宇流麻的農業和文化

感動體驗等著你
experience

宛如美人魚般浮潛在清澈碧藍的海水裡，
或是搭乘划艇在綠意盎然的紅樹林河川探險。
活力十足的南島一日遊，
想必會成為難忘的回憶。

Let's play
with nature!

古座間味海灘
ふるざまみビーチ
≫P.136

Nice View

徜徉在沖繩才遇得到的美麗海洋中！

到美妙的 *絕景海灘* 戲水

蔚藍天空映襯雪白珊瑚沙灘和碧綠大海。
讓我們在沖繩才有的絕景海灘盡情解放身心！

relax

Mission海灘
ミッションビーチ

由教會管理的美式風格海灘，是沖繩罕見的天然海灘。周圍被岩場包圍，即使鄰近國道58號，也像是私人海灘一樣。綠色草皮的另一頭是綿延的雪白沙灘。

中部 ▶ MAP附錄 P.11 C-2

☎098-967-8802　開放期間無休
游泳4月下旬～10月下旬的9:00～18:00
入場費300円　恩納村安富祖2005-1
許田IC 7km　P100輛

1. 外國客人也很多，感覺就像來到海外的度假勝地　2. 清澈無垠的大海，簡直就是美國西海岸的絕景！　3. 入口是懷舊美式招牌　4. 設置在樹蔭下的白色露臺座是特等席

水上用具清單	
香蕉船	￥1,500
牽引滑水	￥2,000
浮潛行程	￥4,000
潛水體驗	￥7,500～
租借遮陽傘套組	￥1,500

BEAUTIFUL BEACH!!

在隱密海灘悠閒玩樂

歡迎來到Mission海灘！

Welcome

1 P Parking　Parking P 2

Beach Office

1. 就在沖繩美麗海水族館旁　2. 共有休憩沙灘、眺望沙灘、遊樂沙灘這3處沙灘

66 透明度出眾，
眺望伊江島的景致也極美！99

翡翠海灘
エメラルドビーチ

位在海洋博公園（▶P.39）內的人工海灘，還獲選為環境省「快水浴場百選」，雪白的沙子和碧綠的大海格外美麗。從3處沙灘的海面上能遠眺伊江島。

北部 ▶ MAP 附錄 P.19 A-3

☎0980-48-2741（海洋博公園管理中心）　開放期間無休

游泳4～10月的8:30～19:00（10月為～17:30）

入場免費，遮陽傘出租1000円

本部町石川424 海洋博公園內

許田IC 27km　約1900輛

絕景海灘

Experience

新原海灘
みーばるビーチ

白沙綿延2公里的平淺天然海灘。人潮沒有度假區的海灘那麼多，可以在散步的同時悠閒地在海灘撿寶。還有遊覽珊瑚礁的玻璃底船出航，一定要搭乘看看。

南部 ▶ MAP 附錄 P.5 D-3

☎098-948-1103（新原海洋中心）

休 無休　游泳9:00～16:00（7～9月為～16:30）

入場免費

南城市玉城百名1599-6

南風原南IC 10km　30輛

natural beach

1. 遍布在海灘上的是侵蝕留下的隆起珊瑚岩　2. 退潮時能在淺灘上看見珊瑚礁

66 在保留自然原始姿態
的海濱上悠閒漫步 99

～～ 🛟 水上用具
清單

玻璃底船 ‥‥‥‥‥‥ ¥1,700
租借海灘遮陽傘 ‥‥‥ ¥1,500

66 位置絕佳，熱門度
第一的海灘 99

Lifeguard

1. 本島以透明度最高著稱的熱門海灘　2. 開放期間有救生員在，可以放心戲水

～～ 🛟 水上用具
清單

拖曳傘＆香蕉船
潛水呼吸管 ‥‥‥‥‥ ¥11,800
U型充氣船＆香蕉船 ‥ ¥3,100
租借潛水呼吸管套組 ‥ ¥1,000
租借遮陽傘＆躺椅套組 ¥3,300

瀨底海灘
せそこビーチ

這片島嶼海灘位在以橋梁與沖繩本島相連的瀨底島，開車就能前往。長度綿延約700公尺，是沖繩罕見的天然海灘，還可浮潛。從海灘可以眺望伊江島和水納島，夕陽美景也很有名。

北部 ▶ MAP 附錄 P.12 A-2

☎0980-47-7000（僅限開放期間）

開放期間無休　游泳4月下旬～10月中旬的9:00～17:00

入場免費　本部町瀨底5583-1

許田IC 25km　200輛

Enjoy Marine

海濱飯店就是遊玩的天堂！
到**度假飯店海灘**享受水上活動

度假飯店的海灘設備和活動充實，真是好極了！
還有很多可供一般遊客參加的活動，能夠盡情暢玩。

度假飯店的特色
水上活動也是
能暢玩各種

Snorkeling

2

picnic Tour

BBQ

3

1

月亮海灘
ムーンビーチ

棕櫚樹營造度假氣氛♪
南國風情滿分的海灘

位在恩納村度假區的眉月形天然海灘。白色沙灘綿延175公尺，也是眺望夕陽沉入大海的最佳地點。除了無人島之旅以外，還能在各種方案中暢遊水上活動。

中部 ▶ **MAP** 附錄 P.10 A-3

☎ 098-965-1020（月亮海灘飯店）│ ⊟ 無休 │ 🏊 游泳8:30~18:00（視時期而異）│ 💴 入場費1000円 │ 📍 恩納村前兼久1203 │ 🚗 石川IC 4km │ 🅿 350輛

Yo島野餐之旅

1. 從飯店碼頭搭船15分左右即可抵達位在海上的無人島 2. 以浮潛的方式和熱帶魚嬉戲 3. 還可以在海邊BBQ

Hammock

4

活動清單		
・Yo島野餐之旅短期停留行程		¥11,000
其他	水上飛板	¥7,370
	U型充氣船牽引滑水	¥2,750
租借	遮陽傘躺椅套組	¥3,300

4. 躺在吊床上搖晃著睡午覺
5. 在充滿度假氣息的月亮海灘散步也不錯

5

90

萬麗海灘
ルネッサンスビーチ

體驗跟可愛的海豚互相接觸

全年皆可暢玩海水浴、浮潛、香蕉船等50種以上的水上運動。與海豚互相接觸的體驗活動很熱門。

中部 ▶ MAP 附錄 P.10 A-4

☎098-965-0707（沖繩萬麗度假酒店） 🈺無休 🏊游泳8:00～19:30（視時期而異）💴入場費3500円（住宿者免費） 📍恩納村山田3425-2 🚗石川IC 5km 🅿200輛

活動清單

- 海豚奇遇S（附游泳行程） ￥16,000
- 帆船夕陽航旅 ￥4,400

其他	水上噴射滑板 ￥8,800
	帆船航旅 ￥2,750
租借	遮陽傘 ￥1,100

1. 環境省水質調查中榮獲特選的美麗海灘 2. 海豚奇遇S（附游泳行程） 3. 搭乘帆船來場夕陽航旅

Dolphin

Sunset Cruise

Okuma海灘
オクマビーチ

徜徉在輝映山原自然的Okuma藍大海

位在寧靜的山原地區，散發隱私感的天然海灘。能夠參加立式划槳、海底漫步及其他多種水上活動，飽覽碧綠海景。

北部 ▶ MAP 附錄 P.3 C-1

☎0980-41-2222（Okuma海灘度假酒店） 🈺無休 🏊游泳9:00～18:00（視時期而異）💴入場費1500円 📍国頭村奧間913 🚗許田IC 36km 🅿150輛

活動清單

- 海底漫步 ￥8,800

其他	浮潛之旅 ￥6,000
	火箭船 ￥1,700
	潛水體驗 ￥15,500
租借	立式划槳（30分） ￥2,200
	海燈遮陽傘（1小時） ￥1,500

Stand Up Paddleboard

Marine Walker

1. 顆粒極細的白沙延伸超過1公里 2. 立式划槳能夠嘗到在海上行走的感覺 3. 海底漫步可以呼吸，臉也不會浸到水，可以放心參加

有時飯店房客可以預約報名活動或適用折扣價，要事先查詢。

令人感動的潛水 & 浮潛

青之洞窟的碧藍體驗

藉由熱門的浮潛和潛水體驗，暢玩沖繩的海洋！
現場有教練悉心教導，新手也能放心參加。

LET'S TRY!

從真榮田岬出發！

Grand Blue

體驗資料

1. 洞窟當中令人感動
的藍色世界超震撼！
2. 熱帶魚和珊瑚礁的
世界一望無際　3. 出
發地點真榮田岬也是
熱門觀景點

青之洞窟浮潛

¥ 費用	¥4,800（含全套器材、導覽費、保險費、設施使用費、浴巾等）	
季 活動期間	全年	所需時間 約2小時30分
預 預約	需預約（可當天預約）	
開 開始時間	8:00、10:00、13:00、15:00	
集 集合地點	Marine Club Nagi	

藉由少人制提供完善協助

Marine Club Nagi
マリンクラブナギ

真榮田岬附近的店家，到海岬為止都在徒步圈內。
以充實的設備和高品質獲得公認，並以導覽青之洞
窟20年的實務經驗為豪。行程也採少人制，初學者
也能放心享受暢遊海洋的樂趣。

中部 ▶ MAP 附錄 P.10 A-3

☎ 098-963-0038　無休　報名為8:00～17:00
恩納村山田501-3　石川IC 7km　50輛

—— 重點在這裡 ——

店家集合 & 當地接送
可在店家的免費停車場停車，
輕鬆前往當地。

只需攜帶泳衣
浴巾能免費租借，只需攜帶泳
衣即可。

由專業潛水員帶領
導覽員全都擁有國家潛水員證
照。

令人安心的全罩式潛水面罩
採用能夠輕鬆呼吸的全罩式潛
水面罩，初學者也可放心參加。

Snorkel

LET'S TRY! Diving

&MORE

獨木舟＆青之洞窟浮潛

海上獨木舟和青之洞窟浮潛套裝行程。

¥8,800（含設施使用費）
【活動期間】全年
【需時】4小時
【預約】需預約（可當天預約）
【開始時間】8:30、13:00
【集合地點】Marine Club Nagi

神秘洞窟＋觀賞夜光藻 心動夜間旅行

浮潛在沖繩夜晚海中的探險之旅。

¥5,800（含設施使用費）
【活動期間】3月～10月
【需時】2小時30分
【預約】需預約（可當天預約）
【開始時間】18:30
【集合地點】Marine Club Nagi

step 1

報到&更衣

在店家集合，至服務臺報到完畢後，就在更衣室換上潛水服。

step 2

教學課程

要先在淺灘練習呼吸。資深教練會事先仔細教導。

step 3

開始潛水

終於來到青之洞窟了。教練會配合步調隨行，可以放心遊玩。

step 4

體驗海洋世界

依照行前課程，注意面罩排水、平衡耳壓及慢慢呼吸這3點。

step 5 FINISH

還能拍紀念照片

店家提供水中拍照服務，檔案能在體驗完畢後獲得，還能馬上發布到社群網站上。

體驗資料

青之洞窟潛水體驗

費用	¥8,800（含全套器材、導覽費、保險費、設施使用費、浴巾等）
活動期間	全年
所需時間	約2小時30分
預約	需預約（可當天預約）
開始時間	8:00、10:00、13:00、15:00
集合地點	Marine Club Nagi

這裡也可以體驗 PICK UP

搭乘專用船直達洞窟

BLUE OCEAN
ブルーオーシャン

由青之洞窟船旅專營店，設備充實，包含男女分開的溫水淋浴間。

中部 ▶ MAP 附錄 P.10 A-3
☎098-965-1888（前日以後的預約為090-1179-1888）⊗不定休 ⊜報名為7:00～22:00 ♀恩納村前兼久159-4 ₪100輛

體驗資料

搭船去 青之洞窟浮潛

費用	¥3,500（含毛巾、水中數位相機租借費、搭船費、設施使用費等）
活動期間	全年
所需時間	約2小時
預約	需預約（可當天預約）
開始時間	8:00、10:00、12:00、14:00、15:30
集合地點	BLUE OCEAN

正規潛水體驗

ISLAND CLUB
アイランドくらぶ

由1名教練全方位協助2名遊客，下潛到水深5～12公尺處。

中部 ▶ MAP 附錄 P.10 A-4
☎098-963-0166 ⊗無休 ⊜報名為7:00～22:00 ♀恩納村山田559 ₪120輛

體驗資料

青之洞窟潛水體驗

費用	¥8,000～（含浴巾租借費、設施使用費等）※有早鳥折扣、團體折扣及其他折扣
活動期間	全年
所需時間	約2小時
預約	需預約（可當天預約）
開始時間	8:00～16:00每2小時1次
集合地點	ISLAND CLUB

急遽的氣壓變化恐怕會引發減壓症，飛行前不宜潛水。

開車自駕

最輕鬆最好玩！

幫你輕鬆規劃行程，簡單省時有效率！

1
收錄20條以上自駕路線，選擇豐富，資訊超充實！

2
事先掌握國道、行駛距離、時間、休息站等資訊。

3
絕不錯過路上推薦的觀光名勝、風景區、伴手禮店。

4
體驗不同的旅行方式，能盡情深入當地美景。

定價 $400

定價 $360

定價 $380

定價 $380

嘗鮮好夥伴 定價250元

美食沒有藩籬
最道地的美味都在這裡！

▶ 壽司

手指壽司

吃壽司必攜

走進壽司店之前
魚鮮達人帶您
預習日本時令魚材

常見的94種壽司

人人出版

燒肉手帳

給美食家的燒肉寶典

東京燒肉
出版編輯部 編

燒肉店
串燒店
菜單全攻略
從此不煩惱

134

吃燒肉必攜
您不可不知的
肉知識手冊

人人出版

◀ 燒肉

▶ 日本酒

日本酒手帳
Nihonshu Encyclopedia For Gourmet
「唎酒師」認定
SSI 監修

簡單選
暢快酣飲
日本未釀の
薫・熟・爽・醇

人人出版

雞尾酒手帳
Cocktail Encyclopedia For Gourmet
上田和男 監修

上癮
繽紛&夢幻的
雞尾酒世界

人人出版

これをください
お願いします

手指圖片輕鬆點餐
美食立刻上桌♪

Hand Made

創造當地獨特的旅途回憶♪
挑戰沖繩手工藝體驗

沖繩有很多從琉球王國時代延續下來的傳統文化，像是陶瓷器、風獅爺及紅型等。
到能夠輕鬆體驗手工藝的設施製作原創伴手禮，留下有形的回憶。

試試可以喚來幸福的珊瑚染♪

珊瑚染體驗

1

1. 外型和顏色能夠任意搭配和改變　2. 興建於世界遺產玉陵附近的合掌式建築染布工房　3. 五彩繽紛的展售商品都是手工染製而成，獨一無二　4. 由師傅染色而成的13公尺和服衣料

Let's Challenge!

首里琉染
しゅりりゅうせん

這座工房的前身是二戰後創辦的紅型天然染料研究所，能夠參觀正宗的染布工序。推薦僅此一家別無分號的珊瑚染體驗，1樓還可買到原創染製小配件。

那覇・首里　▶MAP 附錄 P.18 A-2

☎098-886-1131　休無休　時9:00～18:00　那覇市首里山川町1-54　交Yui-Rail儀保站步行15分　P5輛

體驗資料	
珊瑚染體驗	
¥費用	¥3,300
所需時間	約50分
開始時間	9:30～、11:00～、12:30～、14:00～、15:30～
預約	需預約（前1天截止）

可選擇T恤、包袱巾、托特包和手拭巾。1人以上就能參加體驗，作品馬上就可以帶回家。

還有其他值得推薦的
沖繩手工藝體驗

琉球玻璃

完成

製作專屬自己的琉球玻璃

琉球玻璃村
りゅうきゅうガラスむら

白色圓頂狀的玻璃工坊。除了能夠參觀和體驗製作之外，還販賣生活器物和飾品。

南部 ▶MAP 附錄 P.4 A-4

☎098-997-4784　無休
9:00～18:00（玻璃製作體驗為～16:00）　製作體驗（預約制）1650円～　糸滿市福地169
那霸機場13km　P60輛

彩繪

能夠感受到沖繩美好的傳統

琉球村
りゅうきゅうむら

遷建紅瓦古民家，重現琉球王國時代的村莊。在這裡能夠體驗風獅爺彩繪。

中部 ▶MAP 附錄 P.8 A-1

☎098-965-1234　不定休
10:00～15:00　入場費1500円，風獅爺彩繪體驗1800円（入場費另計）　恩納村山田1130
石川IC 6km　P200輛

風獅爺

完成

嘗試在窯戶製作陶瓷器

壺屋焼窯元 育陶園 やちむん道場
つぼややきかまもといくとうえんやちむんどうじょう

能夠嘗試製作原創風獅爺和器皿的紅瓦屋頂工房。建議至少在前一天之前預約會比較好。

那霸・首里 ▶MAP 附錄 P.17 C-4

☎098-863-8611　無休　10:00～、11:00～、12:00～、14:00～、15:00～、16:00～　製作風獅爺3300円～、轆轤體驗4400円～（運費另計）　那霸市壺屋1-22-33（本店）
Yui-Rail牧志站步行15分　P無

step 2

固定布料

布料放在珊瑚上，用橡皮筋牢牢固定。構圖和染色的順序會改變作品給人的感覺，要小心施作。

LET'S
TRY!

step 1

珊瑚號稱是可以喚來幸運的石頭♪

挑選珊瑚

將約40年前沖上海濱的珊瑚化石切割當作染型使用。

step 3

吸飽染料

底色為紅、黃、藍、紫4色。用中間塞了棉花的「拓印包」吸收染料，染上顏色。

GOOD!

step 4

從淺到深逐步疊色

著色

用吸收染料後的「拓印包」摩擦布料，讓珊瑚切面的花紋浮現出來。

step 5

將花紋組合起來

運用顏色的深淺和疊色法弄出漸層，配上各種珊瑚的染型，做出原創的作品！

FINISH!

顏色搭配豐富！

體驗活動中做好的玻璃和陶瓷器無法當天帶回家，要在日後寄送（需付費）。

就是至高享受！

海風×藍天、再濃稠美味食物，

On The Beach

外帶×海灘＝情緒漲到最高點

選個絕佳的地點進行 時尚野餐 ！

外帶食物到美麗海灘或觀賞絕景的海岬附近，享受層次更高的時尚野餐。
要不要在廣闊的天空和藍色的大海圍繞下，體驗充滿開放感的時光呢？

Lovely Fashionable Picnic

蔬菜和肉類豐富

2

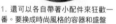

營養均衡佳◎

3

1. 還可以各自帶著小配件來狂歡一番。要換成時尚風格的容器和盛盤
2. ABC塔可飯（中）¥640
3. 巴西莓果碗¥700

充滿遊玩要素的海灘公園

🏖 宜野灣熱帶海灘
ぎのわんトロピカルビーチ

這片經過整修的美麗人工海灘，位在國道58號附近的宜野灣海濱公園。更衣室、投幣式置物櫃、投幣式淋浴間、商店及其他設備很充實，還備多樣化的海上運動項目。預約制的BBQ行程也相當搶手。

中部 ▶ MAP 附錄 P.6 B-1

☎098-890-0881　㊡開放期間天候不佳時　⏰4月下旬～10月的9:00～22:00（游泳為～19:00，視時期而異）
¥入場免費　♀宜野灣市真志喜4-2-1
🚗西原IC 6km　🅿180輛

雪白的沙灘形成一道柔和的弧線

🎵

車程 10 分 ♪ =3 🚗

可以選擇不同口味和分量

🍴 RuLer's TACORiCE
ルーラーズタコライス

能以購買速食的心情輕鬆光顧的正宗塔可飯專賣店。13種口味的塔可飯能選擇小、中、大及特大4種分量，推薦附飲料和薯條的套餐。塔可餅和甜點等附餐菜色也很豐富。

中部 ▶ MAP 附錄 P.7 C-2

☎098-988-9225　㊡無休
⏰11:00～21:30
♀宜野灣市真榮原3-8-2
🚗西原IC 3km　🅿3輛

採用櫃臺點餐的速食店形式

✿ DELICIOUS!

本週好萌切面三明治（沙拉飲料套餐）¥1,280

分量滿分的彩色三明治

SANDWICH

☕ CAFE GOZZA
カフェゴッサ

能夠享用活用沖繩縣產食材的義大利風格菜色。使用大量山原蔬菜的好萌切面三明治，以及做得柔嫩的炸豬腰內肉三明治頗受好評。

室內裝潢也由老闆夫妻親手布置

中部 ▶ MAP 附錄 P.10 A-4
☎ 098-923-3137　休 週二
⏰ 11:00～21:00
📍 恩納村山田2427
🚗 石川IC 7km　P 14輛

🚗=♪ ♪♪ × 車程10分

俯瞰壯觀的珊瑚礁海

🌳 真榮田岬
まえだみさき

這裡的海水透明到能夠從瞭望臺看見珊瑚礁。可以下階梯走到海邊，是知名的潛水和浮潛定點。

熱門景點青之洞窟就在附近

中部 ▶ MAP 附錄 P.10 A-3
☎ 098-5339（真榮田岬管理事務所）　休 無休
⏰ 8:00～18:30（視時期而異）　入場免費
📍 恩納村真榮田469-1　🚗 石川IC 7km　P 180輛

沖繩才有的漢堡

🍔 Jef 豐見城店
ジェフとみぐすくてん

誕生於沖繩的美式風格免下車餐廳。以沖繩縣產苦瓜為配料的這啥玩意漢堡，以及其他沖繩特有的菜色一應俱全。

本島中南部開設3家店

BURGER

南部 ▶ MAP 附錄 P.4 A-1
☎ 098-856-1053　休 無休
⏰ 6:30～23:00　📍 豐見城市田頭66-1
🚗 那霸機場3km
P 66輛

這啥玩意漢堡
¥420

離那霸機場最近的海水浴場

🩴 Orion ECO 美麗SUN海灘
オリオンエコちゅらサンビーチ

全長700公尺的海水浴場，從整修過的沙灘可以看見美麗的夕陽，因而得名。

湛藍而平靜的大海開展在眼前

南部 ▶ MAP 附錄 P.4 A-2
☎ 098-850-1139　開放期間無休
⏰ 4～10月的9:00～18:00（7、8月為～19:00）
入場免費　📍 豐見城市豐崎5-1　🚗 那霸機場7km　P 794輛

苦瓜圈（大）
¥400

沖繩盛行海灘派對（▶P.13），許多海灘會提供BBQ服務（需付費）。

前往亞熱帶森林Gangala山谷
偷閒片刻思考自然與生命

這是數十萬年前曾是鐘乳洞的地方崩塌而成的亞熱帶森林，約1公里的山谷還保留豐富的自然環境。只要跟著導遊的帶領走，就會有各式各樣的發現。

神聖之樹

!CHECK!! 01 | 觀賞山谷

生命的奧秘

穿過入口的洞窟，沿著河流行走，同時聆聽導遊說明森林的動植物。一路前行，就會覺得像是被自然的力量環抱，真是不可思議。

憑藉明亮的燈光走進洞窟之中。這是保佑生子的男洞

洞窟

祈禱

從枝繁葉茂的植物和洞窟中，能夠感受自然運作的奧秘

這是祈求安產和良緣的女洞

Mystery Unexplored Area

樹根從懸崖上延伸而下的大主細葉榕

!CHECK!! 02 | 觀看挖掘現場

武藝洞

武藝洞還遺留約7000年前的人類痕跡。現場發現焚燒過的爐灶痕跡和土器碎片，至今整座Gangala山谷仍是調查的對象。

從地表約15公分處發現約2500年前的石棺

!CHECK!! 03 | 隨意休息

CAVE CAFE

「CAVE CAFE」只有參加導覽行程的旅客才能利用。啟程之前能夠一邊喝著咖啡或果汁，一邊隨意休息。

維持鐘乳洞原樣的咖啡廳空間是導覽行程集合地

Gangala山谷
ガンガラーのたに

只有參加事前預約制（可網路預約）的導覽行程才能參觀。需時約1小時20分。

南部 ▶ MAP 附錄P.5 C-3

☎ 098-948-4192 休無休 電話報名為9:00～17:30 行程費2500円 南城市玉城前川202 南風原南IC 6km P 30輛

tree terrace

從工作人員親手打造的樹林露臺，能將森林的四周一覽無遺

能夠邂逅新發現的旅程

Discovery

想去充滿沖繩味的地方。
海邊兜風也好，聖地巡禮也不錯，
時下的潮流景點更令人動心。
興奮和感動就是旅程的維他命♪

gonna start something fun!

PORTRIVER MARKET

PORTRIVER MARKET
ポートリバーマーケット
≫P.114

Island Hopping

跨越蔚藍大海前往小島

海＋橋＋島＝乘車兜風！

要先在公路
停車場停車喔
拍照之前

無垠的藍海和島嶼的綠意相互對比，真是至高美景！
這裡會介紹橫跨全景橋的2大最佳兜風路線。

LET'S GO!!

古宇利大橋
こうりおおはし

放眼望去海洋無邊無際的絕景道路

全長1960公尺，連接古宇利島和屋我地島的橋梁，能夠奔馳在藍海上，享受爽快的全景兜風。古宇利大橋的南側，屋我地島的橋邊有公路停車場，是絕佳的攝影點。古宇利島則遍布天然海灘，也有美麗的景觀。

北部 ▶**MAP** 附錄 P.13 C-1
☎0980-56-1057(今歸仁村觀光協會)
🅿自由通行 ♀今歸仁村古宇利〜名護市濟井出 🚗許田IC 22km

Bridge over the ocean

中午前後是
最佳觀景時機

古宇利島
こうりじま

開車就能輕鬆前往傳說中的「戀之島」

古宇利島的別名叫做「戀之島」，遍布戀愛能量景點。其中曾在航空公司電視廣告中出現，位在Tinu海灘的愛心石，因2塊岩石重疊會形成愛心形而備受好評。有壺穴的渡海海灘、Chigunu海灘及其他天然海灘也很美。

北部 ▶**MAP** 附錄 P.13 C-1
☎0980-56-1057 (今歸仁村觀光協會)
♀今歸仁村古宇利 🚗許田IC 23km

由喜歡音樂的夫妻經營的咖啡廳

古宇利家
こうりや

建於Tinu海灘對面的馬路旁。除了飲料、輕食及專為素食者設計的菜單之外，也販售適合當伴手禮的雜貨。使用當地產紅地瓜調製的紅地瓜蔬果昔￥600。

北部 ▶**MAP** 附錄P.13 C-1
☎0980-56-3123 🈺週三、四
🅿11:00〜20:00 ♀今歸仁村古宇利2248 🚗許田IC 26km
🅿3輛

102

漲潮時刻適合
兜風去◎

IT'S BEAUTIFUL

海中道路
かいちゅうどうろ

宛如在美麗大海的正中央進行空中散步

連結沖繩本島和平安座島，全長約4.7公里的海中道
路。擁有美妙絕倫的景致，是本島首屈一指的兜風路
線。還可以在公路停車場購物和泡海水浴。

| 中部 | **MAP** 附錄P.9 D-3 |

☎098-978-7373（阿麻和利公園觀光服務處）
🚗自由通行 📍うるま市与那城屋平 沖縄北IC 13km

Discovery

島上兜風

平安座島／濱比嘉島
へんざじま　　はまひがじま
宮城島／伊計島
みやぎじま　　いけいじま

**開車巡訪各個保留沖繩原初風
景，特色豐富的島嶼**

越過海中道路到保留龍舟賽和其
他傳統活動的平安座島，再前往
保留沖繩原初風景的濱比嘉島，
探訪神話相傳之地。宮城島的絕
景能景量景點果報壑、有繩文時代
仲原遺跡的伊計島也值得走訪。

HENZA
MAP 附錄P.9 D-3

HAMAHIGA
MAP 附錄P.9 D-4

MIYAGI
MAP 附錄P.9 D-3

IKEI
MAP 附錄P.9 D-2

& MORE

**保留神話聖地
的濱比嘉島**

濱比嘉島保留琉球始祖阿
摩美久的相關史跡，以及
其他曾在神話中出場的眾
神傳說。志仁禮久位在島
嶼南部（左邊照片右
上），穿過鳥居，爬上
108階石階後就會抵達聖
地。洞窟內有靈石。

@宮城島

Nuchi Masu Salt Factory
ぬちまーすかんこうせいえんファクトリー

這裡可以參觀以專利工法製造Nuchi
Masu（命之鹽）的工廠，還有能夠吃
到鹽味霜淇淋￥550的餐廳和商店。

| 中部 | **MAP** 附錄P.9 D-3 |

☎098-923-0390
🕐無休 ⏰9:00～17:30
📍うるま市与那城宮城
2768 沖縄北IC
25km 🅿40輛

@濱比嘉島

**海のギャラリーかいのわ•
空とコーヒーうきぐも**
うみのギャラリーかいのわそらとコーヒーうきぐも

削切研磨夜光蠑螺和高瀨貝，製成貝
殼珠寶的藝廊。附設能將大海和天空
一覽無遺的咖啡廳。

| 中部 | **MAP** 附錄P.9 D-3 |

☎098-977-7860
🕐週二、三 ⏰11:30～
16:30 📍うるま市勝連比
243-1 沖縄北IC 19km
🅿10輛

@平安座島

BOULANGERIE CAFE Yamashita
ブロンジェリーカフェヤマシタ

店內的搶手貨是著重在些微鹹味的命
之鹽紅豆麵包、可愛的刺蝟麵包￥300
等採用島嶼食材的麵包。選擇能夠觀
海的露臺內用也不錯。

| 中部 | **MAP** 附錄P.9 D-3 |

☎098-977-8250
🕐週三～五 ⏰11:00～
19:00 📍うるま市与那
城平安座425-2 2F 沖
縄北IC 18km 🅿2輛

島嶼上的樂趣♪

中部的另一座絕景橋是濱比嘉大橋（**MAP** 附錄P.9 D-3）。橋梁旁邊的公路停車場視野極佳。

Holy Place

向琉球的神明打招呼♪

昔日琉球王國的至尊聖地就在此處

洋溢凜然氣氛的聖地，宛如要將一切淨化。
打起精神，拜訪神明的居所吧。

不要打擾
在祈禱的人

三庫理 さんぐーい

御嶽最深處的拜所，位在由2塊巨石相倚而成的三角形空間盡頭。

南部 ▶ MAP 附錄 P.5 D-2

☎098-949-1899（綠之館Sefa）　休園周
～3日、
入場券販賣為15分前截止，
☎入場費300円（入場券要在
綠之館物產館購買）

南城市知念久手堅539（南城市地域物產館），南風原北IC至南城市地域物產館約16km，步行7分至齋場御嶽　P150輛（使用南城市地域物產館）

巨石相倚成洞的三庫理是6大拜所當中最為重要的1個

齋場御嶽 せーふぁうたき

前往神明所在的神聖場所

御嶽是琉球信仰中舉行祭祀的地方。
齋場御嶽則是在900多處御嶽當中地位最高的琉球王國祭祀之處。參道盡頭的巨石十分震撼。

建議參加
導覽漫遊

每週六、日舉行的導覽漫遊，只要參加就能更深入了解當地，頗受好評。除了入場券外，還要在南城市地域物產館購買導覽專用票。

綠之館Sefa

みどりのやかたセーファ

[預約]☎098-949-1899
[費用]1組￥2,000（10人以下）
[需時]約50分
[集合地點]綠之館Sefa前
[集合時間]需來電洽詢
[備註]避免暴露的服裝，要穿好走的鞋子。不要穿高跟鞋或其他不便活動的鞋子。

順道品嘗美食
小島的
沖繩天婦羅

設有漁港的奧武島入口處林立著店家，販賣略帶鹽味且麵衣鬆軟的魚貝天婦羅。中本てんぷら店從齋場御嶽開車約20分。天婦羅1個￥100起。

中本てんぷら店
なかもとてんぷらてん

南部 ▶MAP 附錄 P.5 C-3
☎098-948-3583
休週四 🕙10:30～18:00
📍南城市玉城奧武9
🚗南風原南IC 11km
🅿6輛

神女辦儀式之處

大庫理
うふぐーい

巨石前鋪設平石之處。歷代聞得大君的就任儀式主要在此地舉行。

寄滿
ゆいんち

古代祈求豐饒的場所。據說直到二戰前都有占卜吉兆的馬形石。

Shikiyodayuru amaganubi
Amadayuru ashikanubi

從2根鐘乳石滴下的聖水。底下放置接水壺。

壺與水不得觸摸

京之花
チョウノハナ

三庫理的一角，沿著岩壁排列的15座香爐。其數量和歷代的聞得大君一致。據說神明會降臨至此。

要先在這裡買入場券！

南城市地域物產館
なんじょうしちいきぶっさんかん

南部 MAP 附錄 P.5 D-2
☎098-949-1667 休無休
🕙9:00～18:00（視店鋪而異） 📍南城市知念久手堅539 🚗南風原北IC 16km
🅿150輛

物產館附設齋場御嶽的入場券販賣處，要在這裡停車，購買入場券，再步行到齋場御嶽。徒步到入口約7分。物產館除了網羅齋場御嶽和南城市特產之外，還設有觀海咖啡廳。

「聞得大君」是琉球最高位的神女，主要由女性王族擔任。

Discovery

齋場御嶽

Walk Around

看看時尚摩登的店鋪也很好玩♪

港川區域的 外國人住宅商店巡訪

港川區域的住宅區聚集了60間左右的小型外國人住宅。
巡訪以美國州名命名的馬路，感受外國的氣氛吧。

Map

Second Casa

coin parking

藤井衣料店　PORTRIVER MARKET（▶P.114）

ippe coppe

[oHacorté] 港川本店

What's 外國人住宅?

專為駐紮的美軍建造
的箱型平房混凝土住
宅，特徵是有寬敞的
隔間。

[oHacorté] 港川本店
オハコルテみなとがわほんてん

宛如寶石般閃閃發光的水果塔

店裡成排的直徑7公分點心塔上，
滿滿都是五彩繽紛的當季水果。
麵團和奶油會配合水果更換，下
足工夫追求美味。除了隨時準備
約12～13種點心塔之外，季節限
定商品也不容錯過。

中部 ▶ **MAP** 附錄 P.18 B-4

☎098-875-2129　休週二
⏰11:30～19:00　♀浦添市港川2-17-1
#18　🚗西原IC 5km　🅿6輛

Thanks for stopping in!

1

敬請享用
豐富的水果♪

2

SABLÉ

6

5　　　4　　　3

1. 藍白基調的時尚店面　2. 各種季節水果
塔￥734等　3. 除了點心塔之外，烘焙點心
也很豐富　4. 包裝也很可愛！　5. 晴朗的
日子也推薦坐在露臺座　6. 原味、巧克力
及楓糖成套包裝的幸福鳥莎布蕾酥餅（12
片裝）￥2,164

Secondo Casa
セコンドカーサ

能在格外舒適的「第2個家」品嚐的正宗義大利餐廳

店名Secondo Casa在義大利文是「第2個家」的意思。主要食材是從契約農家進貨的無農藥栽培蔬菜和縣產食材。招牌菜是以一天熟成的自家製麵團做出的石窯烤披薩，以及梭子蟹番茄奶油醬細扁麵。

1. 梭子蟹番茄奶油醬細扁麵￥1,400，能夠充分品嚐螃蟹的滋味 2. 餐廳也能當咖啡廳用

中部 ▶ MAP 附錄 P.18 B-4
☎098-914-3334 休 不定休 ⏰11:30～14:00、18:00～21:00 📍浦添市港川2-13-7 #41 🚗西原IC 5km 🅿7輛

藤井衣料店
ふじいいりょうてん

簡樸而懷舊的用品應有盡有

主要販售個性派品牌「TIGRE BRO CANTE」的服飾，愈穿愈顯得出韻味，頗受好評。還有很多沖繩製造的商品，包括陶瓷器、手拭巾，手工皂等雜貨及T恤。

中部 ▶ MAP 附錄 P.18 B-4
☎098-877-5740 休 不定休
⏰11:30～18:30
📍浦添市港川2-15-7 #29
🚗西原IC 5km 🅿2輛

1. Doucatty的手拭巾￥1,300～等 2. 淺綠色的清爽外觀 3. 陳列品味優異的休閒服 4. 工房コキュ的深碗各￥2,750

ippe coppe
イッペコッペ

遇見以嚴選食材烤成的Q軟麵包

使用北海道產麵粉、沖繩縣產天然鹽及其他嚴選食材製作的天然酵母吐司頗受好評。獨特的鮮味和Q軟的口感讓人欲罷不能。限量吐司有時很快就會賣完。

中部 ▶ MAP 附錄 P.18 B-4
☎098-877-6189 休 週二、三、第3個週一 ⏰12:30～17:00（完ній打烊） 📍浦添市港川2-16-1 #26 🚗西原IC 5km 🅿1輛

1. 也有販售穀麥 2. 照片左起為白色無花果奶油起司￥350，原味貝果￥210，法式鄉村麵包￥420 3. 鮮豔的綠色很顯眼 4. 也有經營喫茶ニワトリ（▶P.71） 5. 外帶包裝也很可愛

假如要散步巡訪店鋪，建議在港川區域內的投幣停車場（30分￥100～）停車。

外國人住宅商店

Discovery

Seaside Terrace

宛如在地中海度假的露臺小鎮

瀨長島海風露臺導覽

選址極佳的複合式露臺商店，從那霸機場開車只需短短10分。
讓我們前往用餐、購物及遊樂樣樣兼備的島嶼度假村吧！

藍天和大海，
飛機就在正上方！
絕景也很有魅力

Delicious ❤

A

B

Very Cold!

D

C

能夠體驗冰點以下世界的冰雕酒吧

ICE TERRACE
アイステラス

CD

桌椅等物皆由冰塊雕成。入店費
¥1,500附一杯飲料。另外還出借手套
和禦寒衣物。

☎080-3377-1172　無休
🕐11:00～21:00

-10℃冰點以下的世界

Shop No. #16

吊床搖曳的療癒時光

HAMMOCK CAFE LA ISLA
ハンモックカフェライスラ

AB

全店都是吊床座的咖啡廳。推薦甜點
是沖繩縣產水果搭配墨西哥點心吉拿
棒的聖代。

☎098-894-6888　無休
🕐11:00～20:30

店裡也販賣墨西哥產的
馬雅吊床

Shop No. #27

A. 能夠躺在吊床上舒服看海的露臺座
B. 熱門菜色吉拿棒芒果聖代¥1,200的
分量也很充足　C. 店內的牆壁和櫃子皆
由冰塊雕成　D. 裝在冰雕玻璃杯內的芒
果汁　E. 沖繩限定販賣的迷你托特包
¥2,750　F. 展現美麗海洋的SANGO樹
脂工藝品¥3,500～　G. 火龍果、紅地
瓜、鳳梨單一口味各¥550　H. 露臺座
有海景，也看得到那霸機場的飛機跑道
I. 附沙拉、湯品及米飯的GARDEN牛排
J. 擺設沙發座和白色座椅，點綴色彩繽
紛的靠墊

Sun Shine!!!

處處有看頭的時尚露臺小鎮

瀨長島海風露臺
せながじまウミカジテラス

開展在瀨長島西側斜坡上的度假村設施。商店和咖啡廳等約45棟的白牆建築綿延在斜坡上，能夠瞭望美麗的大海，街景就宛如歐洲度假勝地一樣。

南部 ▶ MAP 附錄 P.4 A-2

☎098-851-7446（瀨長島旅遊協會） ♀豐見城市
瀨長174-6 ♀那霸機場6km P600輛

good!!

Cute♡

平價就能吃到正宗牛排

YONAR'S GARDEN
ヨナーズガーデン

H I

推薦菜色為使用肩里肌肉紅肉較多部位的GARDEN牛排¥1,980。沙朗牛排為¥3,500。

☎098-996-5232 休無休
⏰11:00～21:00

Shop No.#34

店內布置以庭園為意象，也有露臺座

店內現做的義式冰淇淋

沖繩手作りジェラート yukuRu
おきなわてづくりジェラートユクル

G J

由畢業於義大利義式冰淇淋大學的老闆經營，使用縣產水果和蔬菜的義式冰淇淋頗受好評。

☎098-996-1577 休無休
⏰11:00～21:00

Shop No.#7

yukuRu在沖繩方言中是「休息」的意思

夏威夷風雜貨和泳裝專賣店

olu olu
オルオル

E F

販售南國度假村風格的夏威夷雜貨，以及男女款泳裝。平價而可愛的用品十分豐富。

☎無 休無休
⏰10:00～20:00

網羅洋溢度假感的服飾

Voyage

前往Nagannu島
要搭旅遊船去！

20分即可抵達的無人島
前往**度假島**的小而美船旅

只需從本島搭一下子船，就會看見美得讓人嘆息的大海。
在小島上享受無憂無慮的度假氣氛。

Here's
Nagannu
island!

小而美的度假島♪
在那裡度過脫離日常的時光

VACATION!!

1

5

Here

Nagannu島
那霸
20分 泊港
那霸機場

4

2

Nagannu島
ナガンヌとう

可當天來回
可住1晚

位在慶良間群島慶伊瀨島環礁的無人島，碧綠的海和雪白的沙灘美得無與倫比。當地設施完善，能夠享受舒適的島嶼時光。從那霸泊港搭旅遊船約20分可抵達。

慶良間諸島 MAP 附錄 P.2 B-4
♀ 渡嘉敷村
那霸泊港搭高速船20分

== Plan ==

● 當天來回方案¥4,300～
（含來回船費、設施使用費，環境協力稅¥100另計），需預約
● 2天1夜方案¥12,300～
（含來回船費、休憩之家1晚住宿費，附早晚餐，環境協力稅¥100另計），需預約
行程洽詢 ▶☎098-860-5860（渡嘉敷公司）
行程報名 ▶8:00～18:00
集合地點 ▶那霸市泊3-14-2　渡嘉敷公司
MAP 附錄 P.6 B-3

1. 從那霸泊港出航20分，就會看到Nagannu島了！　2. 馬上要登陸了。興奮期待的感覺高漲起來　3. 雪白的珊瑚沙海灘上有成排的遮陽傘　4. 白色沙灘連續的小島　5. 能夠付費租借的休憩小屋。還可以租借遮陽傘

3

1. 浮潛在極為透明的大海，伸手就能碰到在珊瑚礁嬉戲的熱帶魚！ 2. 參加海底漫步行程，輕鬆在海底散步。不會游泳的人也能樂在其中 3. 划著海上獨木舟航向透明的大海 4. 參加立式划槳活動，追逐漸漸沉入水平面的太陽

海底漫步

浮潛

SUP

\ Nice View /

海上獨木舟

HOW TO PLAY

HOW TO STAY

Discovery

度假島

\ 休憩之家 /

也很推薦借住在投宿用的休憩之家，多留在島上幾天

島上的美麗黃昏是只送給投宿遊客的贈禮

\ 休憩小屋 /

強烈的日照也有休憩小屋擋著，可以放心

HOW TO REST

\ PICK UP /

這些島**也值得觀光**

眉月形的可愛有人島

水納島 可當天來回
みんなじま

位在本部半島外海1.5公里外海處，通稱「可頌島」。海水極為透明，只要從海灘往外走20公尺左右，就可以遇到很多熱帶魚。

北部 ▶ MAP 附錄 P.2 B-2
☎0980-47-5179（水納海運）
休天候不佳時 ▷1天3～11班（視時期而異） ¥來回船費1,730円 ♀本部町谷茶29（渡久地港）♠渡久地港搭高速船15分 ℗約50輛

Advice
● 從那霸機場走高速公路到渡久地港約2小時。
● 島上除了海水浴之外，還可以暢玩香蕉船、玻璃底船及其他水上休閒活動。

趁著停留在那霸時去！

Komaka島 僅當天來回
コマカじま

位在南城市外海的無人島，周圍的大海與縣內首屈一指的透明度自豪。海水浴不在話下，尋找淺灘的熱帶魚也是件樂事。

南部 ▶ MAP 附錄 P.2 B-4
♀南城市知念 ♠知念海洋休閒中心搭高速船15分

Plan
● 來回接駁¥3,000～
● 水上活動套組
　¥4,500～
（含香蕉船・來回接駁），需預約
行程洽詢 ▶ ☎098-948-3355（知念海洋休閒中心）
行程報名 ▷9:30～15:45（10～3月為～15:15）
集合地點 ▶ 南城市知念久手堅676 知念海洋休閒中心
MAP 附錄 P.5 D-2

沖繩的海水浴季在4～10月左右。這段期間日照強烈，要做好足夠的遮陽防曬措施。

guided tour

跟導遊一起緩步而行

悠閒漫步在壺屋陶瓷器街
到帶有風情的陶瓷村machimai（逛街）。

尋找風獅爺頭像也是件樂事

MEOW

南窯
建於琉球王國時代，使用到1970年代的登窯。可自由參觀。

到這裡集合

那霸市立壺屋陶瓷博物館入口
MAP 附錄 P.17 C-3

發現了會很開心

腳下的人孔蓋也不要錯過

小小的風獅爺偷偷從道路旁邊看過來。

北之宮
被細葉榕包圍，供奉陶瓷之神的場所。位在博物館後方。

石卷通
爬滿常春藤的石牆一路延伸，帶有風情的巷弄。

♪ ♪♪

Guided walk

壺屋陶瓷器街　MAP 附錄 P.17 C-4
鋪設琉球石灰岩約400公尺長的道路，林立約40家窯戶直營店和器皿選貨店。

九重葛、西印度櫻桃和其他五彩繽紛的花朵很上相

新垣家住宅
高大石牆的後方遺留代代相傳的陶工住宅和登窯。

這條路線我走過

跟著導遊走　那霸Machimai
陶瓷器街與巷弄巡訪

由當地導遊帶領遊客，參觀遺留在陶瓷小鎮壺屋的紅瓦屋頂住宅和石牆綿延的巷弄。一邊尋找沒人導覽就無法發現的景點和驅魔風獅爺，一邊開心散步吧。

☎ 098-860-5780（那霸Machimai）
休 週二、三（逢假日則營業）
⏱ 視日期而異（需約1小時30分），預約優先　💴 遊覽費1000円～
https://naha-machima-i.com/

想買的都在這裡

Shopping

不只是陶瓷器和琉球玻璃，
南國風格的五彩繽粉小配件也讓人心動，
適合戴去海灘的飾品更不在話下！
猶豫該找什麼樣的伴手禮也是件樂事★

シマシマポタリ
>>P.116

Special Choice

滿滿都是講究

慧眼獨具的老闆嚴選的**手工雜貨**

選貨店的品項豐富得令人開心。
不妨來尋找原創商品，以及老闆精選的獨家用具。

PORTRIVER MARKET

找件中意的商品吧♪

66 **展現老闆出色品味的
沖繩製 優良商品** 99

PORTRIVER MARKET
ポートリバーマーケット

位在港川外國人住宅區的店家，在為數眾多的選貨店當中品味最超群。店內可以看到以「食衣住」為主題挑選的食品、容器及服飾雜貨。架上只陳列老闆麥島夫婦認可的品項，種類沒有非常豐富。優質用品之多讓眼光高的愛好者也讚不絕口。

▶中部◀
MAP 附錄 P.18 B-4
☎ 098-911-8931　休 週日
⏰ 12:00～18:00
📍 浦添市港川2-15-8 #30
🚗 西原IC 5km　P 2輛

owner of the shop

Mrs. Mugishima

沖繩名牌點心金楚糕的店家獨創款

1

戴起來恰到好處的服貼感也不錯◎

5

混合鹽巴、黑糖及泡盛酒的入浴劑

4

雅致的手拭巾花紋是以版畫風描繪的陶瓷器

3

以傳統方法手工製成的綜合堅果

7

手感舒適至極的手工杯

9

8

不管來幾次，都能發現新魅力

1. 一翠窯　方盤型（小）￥2,750等　2. 沖繩名牌點心くがに金楚糕獨創包裝款（左／黑蜜口味，右／厚皮柑橘口味）各￥1,296　3. YACHIMUN TENUGUI各￥1,650　4. 獨創入浴劑（黑糖、鹽巴、泡盛酒）各￥352　5. 獨創交叉纏頭巾各￥3,850　6. 獨創飾品HALOINA各￥2,860　7. 黑糖綜合堅果各￥637　8. 可愛箱型住宅林立的區域　9. Kuksa杯風格沖繩縣產木製馬克杯各￥5,280

　PORTRIVER MARKET不定期販賣使用大量縣產水果的蔬果昔，價格￥700起。

HANDMADE

Favorite Item

就是想要！發現藝術家的工藝品

在藝術家常駐的工房得到琉球工藝品♡

傳統沖繩工藝品的設計兼具樸實和洗鍊，
前往能夠見到製作者一面的工房，尋找中意的單品。

∥ Artist ∥

壹岐幸二先生
Koji Iki

來自京都府，師事讀谷山燒窯的大嶺實清先生後獨立開業，推出傳統工藝和自由創作這2種相反的作品。

陶器工房 壹
とうきこうぼういち

這座工房建於能俯瞰海洋的高臺上。作品以藍色染出唐草、圓點及其他圖案，讓人聯想到沖繩的海洋。推出典雅而容易使用的容器和藝術性高的擺飾。

中部 ▶ MAP 附錄P.8 A-2
☎098-958-1612 ■週日不定休 ⏰9:00～18:00
📍読谷村長浜925-2 🚗石川IC 11km 🅿5輛

1. 價錢合理，讓人忍不住想蒐集的可愛筷架各￥880 2.4寸青花瓷盤各￥2,200

2

什麼是 Yachimun?

這在沖繩方言中是指陶瓷器。適合平常使用的容器也可以當成伴手禮。

藍色讓人想起沖繩的海洋，大膽而纖細的筆法散發魅力

描繪傳統花唐草紋的青花瓷咖啡杯＆茶托￥8,250

讓餐桌更有樂趣
鮮豔可愛的容器

穩定好拿的馬克杯￥4,180起，湯杯￥7,480

シマシマポタリ

山城女士跟家人一起經營的店。其作品的特色在於洋溢溫暖的風格，讓人想要每天使用。容器獨特的造型和花紋與淺色很搭調，將餐桌點綴得亮眼迷人。

中部 ▶ MAP 附錄 P.8 A-2
☎無 ■週六、日、假日 ⏰9:30～16:30 📍読谷村伊良皆404 🚗沖繩北IC 11km 🅿1輛
※營業日及營業時間請看Facebook粉絲頁

在工房附設的小而美空間販賣

大盤
￥4,950

∥ Artist ∥

山城真理女士
Mari Yamashiro

在京都學習陶藝和染色後就前往沖繩，到真正陶房修業，沿襲基本功並且確立自己的風格。

城 紅型染工房

ぐすくびんがたぞめこうぼう

店家以「紅型生活化」為概念，陳列大量融入現代生活的用品。除了服飾小配件外，也銷售嬰兒用品，還可以體驗紅型染色活動。

中部 MAP附錄 P.7 C-3
☎098-887-3414 休週日
⏰10:00～18:00 ♥浦添市前田
4-9-1 🚗西原IC 3km
P 5輛

季節壁毯
（大）¥17,000～

胸針
各¥2,500

紅型穿洞耳環＆夾式耳環
¥2,800～

什麼是 紅型？

以五彩繽紛的顏料染製而成的布料。在琉球王國時代，只有高貴的人才能穿戴。

重視古典的同時，將紅型設計得平易近人

古典花紋的高級口金包
（大）¥8,000等

融入沖繩的自然風土，做成溫暖別致的玻璃工藝品

最受歡迎的潟湖系列圓盤
¥9,350，玻璃杯¥2,970

什麼是 琉球玻璃？

起源於二戰後，以駐紮美軍用過的可樂和啤酒瓶為原料製造而成。

1. 八重岳櫻玻璃杯各¥2,750
2. 萬花筒盤15方盤（彩色）
¥4,400 3. 窗邊展示的小配件也有藝術感

Glass Art Ai

グラスアートあい

店家創造作品時重視傳統工法，同時也在摸索新風格。以沖繩自然環境為概念的作品頗受好評，玻璃製作體驗也值得推薦。

北部 ▶MAP附錄P.12 B-3
☎0980-53-2110 休週二 ⏰9:30～18:00（體驗報名為9:30～11:00，12:30～15:00） ♥名護市中山211-1 🚗許田IC 13km
P 10輛

Shopping

琉球工藝品

滋味和口感
會因廠商而
意外地不同

Okinawa Sweets

說到沖繩伴手禮，果然還是這個
金楚糕&紅地瓜塔入門

沖繩伴手禮的種類豐富到讓人目不暇給，假如煩惱不知該買哪個，
就直接選擇沖繩伴手禮2大基本款，金楚糕和紅地瓜塔！

B

10個裝
¥1,242

紅地瓜塔
鬆軟綿柔的塔
皮蓋上甜味溫
和的紅地瓜，
滋味優雅。

A

10個裝
¥1,242

元祖紅地瓜塔
濃郁香醇的紅
地瓜泥，與奶
油風味的溼潤
塔皮特別對味。

——— 款式變化 ———

分量		6個裝¥756，16個裝¥1,836
種類		多口味水果塔

——— 款式變化 ———

分量		6個裝¥756，15個裝¥1,836
種類		生紅地瓜塔

B

ナンポー

製造榮獲那霸機場沖繩
伴手禮排行榜第一名的
「紅地瓜塔」。另外還
有金楚糕和其他食品。

這裡買得到
SAN-A那霸Main Place
サンエーなはメインプレイス

| 那霸、首里 | ▶MAP 附錄 P.6 B-3 |

☎098-951-3300　無休
🕘9：00～23：00
📍那霸市おもろまち4-4-9
🚃Yui-Railおもろまち站步行7
分　P2500輛

╲ 其他經銷店鋪 ╱

• リウボウ食品館
• わしたショップ 国際通り店（只有3個裝）

A

御菓子御殿
おかしごてん

以研發紅地瓜塔聞名的
店家。此外還製造和販
賣多種堅持使用沖繩縣
產食材的點心。

這裡買得到
御菓子御殿 読谷本店
おかしごてんよみたんほんてん

| 中部 | ▶MAP 附錄 P.8 A-1 |

☎098-958-7333　無休
🕘9：00～20：00
📍読谷村字座657-1
🚗石川IC 13km
P50輛

╲ 其他經銷店鋪 ╱

• 御菓子御殿 国際通り松尾店
• SAN-A那霸Main Place

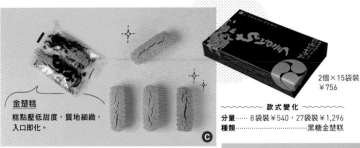

2個×15袋裝
￥756

金楚糕
糕點壓低甜度，質地細緻，
入口即化。

C

━━━ 款式變化 ━━━
分量⋯⋯ 8袋裝￥540，27袋裝￥1,296
種類⋯⋯⋯⋯⋯⋯⋯⋯⋯⋯⋯⋯⋯⋯⋯黑糖金楚糕

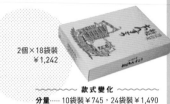

2個×18袋裝
￥1,242

━━━ 款式變化 ━━━
分量⋯⋯ 10袋裝￥745，24袋裝￥1,490
種類⋯⋯⋯35咖啡金楚糕，巧克力金楚糕

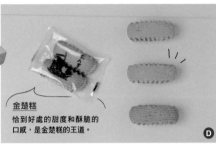

金楚糕
恰到好處的甜度和酥脆的
口感，是金楚糕的王道。

D

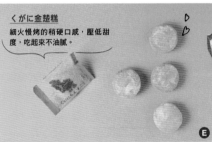

くがに金楚糕
細火慢烤的稍硬口感，壓低甜
度，吃起來不油膩。

16個裝
￥864

━━━ 款式變化 ━━━
分量⋯⋯ 10個裝￥540，24個裝￥1,296
種類⋯⋯⋯⋯⋯⋯⋯⋯くがに金楚糕金芝麻味
　　　　　　　　　　くがに金楚糕鹽味

E

E

くがに菓子本店
くがにかしほんてん

以「樸實豐富的滋味」為概念，
使用日本國產最高品質的材料，
製造琉球點心。

這裡買得到
琉球銘菓くがにやあ
りゅうきゅうめいかくがにやあ

那霸、首里 ▶**MAP** 附錄 P.17 C-4
📞 098-868-0234 🏠 舊曆盂蘭盆節
🕙 10：00～18：00
📍 那霸市壺屋1-18-1
🚃 Yui-Rail牧志站步行15分 Ｐ1輛

其他經銷店舖
• SAN-A那霸Main Place
• 沖繩の風

D

新垣菓子店　あらかきかしてん

這家店的前一代老闆，製造原本
只在首里城喜慶活動上才會食用
的「金楚糕」，讓一般人也能吃
得到。

這裡買得到
ちんすこう本舖 新垣菓子店 首里寒川店
ちんすこうほんぽあらかきかしてんしゅりさむかわてん

那霸、首里 ▶**MAP** 附錄 P.18 A-2
📞 098-886-6236 🏠 舊曆盂蘭盆節最後一
天 🕙 10：00～18：00（週日為～17：30）
📍 那霸市首里寒川町1-81-8
🚃 Yui-Rail首里站步行20分 Ｐ3輛

其他經銷店舖
• おきなわ屋
• SAN-A那霸Main Place

C

新垣カミ菓子店
あらかきカミかしてん

守護200年前不變的傳統工法，逐
一精心手工製作的烘焙點心。

這裡買得到
新垣カミ菓子店
あらかきカミかしてん

那霸、首里 ▶**MAP** 附錄 P.18 A-1
📞 098-886-3081 🏠 週日
🕙 9：00～18：00
📍 那霸市首里赤平町1-3-2
🚃 Yui-Rail儀保站步行5分 Ｐ6輛

其他經銷店舖
• パレット くもじ

Shopping

金楚糕&紅地瓜塔

　金楚糕是琉球王國時代從中國傳到日本的點心，起初類似於蒸製而成的長崎蛋糕。

Souvenir

選擇中意的伴手禮送給自己

我們 愛 沖繩 飾品&化妝品

說到女生想要連同沖繩旅遊回憶帶回家的伴手禮，
就是飾品和化妝品了。可愛漂亮的用品就在這！

在耳邊
閃爍神秘
的光輝

馬賽克貝殼與紅珊瑚耳環　¥5,940

「Atelier saku」紅型貝扣　各¥3,850

OKINAWA
飾品

珊瑚或貝殼的耳環，搭配沖
繩的傳統工藝或花紋，每次
戴在身上時，都能感受到沖
繩氣息。

「cicafu metal works」耳環　各¥2,420

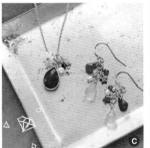
天然玉髓耳環　¥4,950等

「アトリエひと匙」手鐲　¥18,480等

A. 以沖繩的傳統花紋、植物
或風景等為主題的髮飾　B.
由製作服裝配件與擺飾的雕刻
家夫妻創造而成。耳環為
¥7,590，項鍊為¥7,700　C.
使用玉髓和花卉狀貝殼展現光
彩的項鍊¥7,920　D. 以紅珊
瑚墜飾為視覺焦點的耳環　E.
以蝙蝠、桃子、風獅爺等吉祥
物為主題的吉祥耳環

E
tuitree
トゥイトゥリー
店內陳列的縣內外藝術家
作品由染織家老闆精選。除
了僅此一件的飾品之外，還
有琉球玻璃和陶瓷器等，範
圍包羅萬象。

🚃國際通 ▶ MAP 附錄P.16 B-2
🈳無　🈺週三、四、日
🕐13:00～18:00　📍那霸市牧
志1-3-21　Yui-Rail美榮橋
站步行7分　🅿無

C D
Spicalily
スピカリリィ
設計師新城秀子女士的工
作室兼商店。店內有許多僅
此一件的手工飾品，使用白
蝶真珠蛤和椰子樹的木珠
製作而成。

🚃中部 ▶ MAP 附錄P.7 C-2
☎098-988-1431　🈺週三
🕐11:00～18:00
📍宜野灣市真栄原3-10-15
🚗西原IC 4km　🅿1輛

A B
réunir
レユニール
陳列「アトリエひと匙」、
「Atelier saku」及其他悉
心製作的珠寶，個個都讓人
持續愛用。

🚃那霸・首里 ▶ MAP 附錄P.6 B-3
☎098-988-4461　🈺週三、四
🕐12:00～18:30　📍那霸市首
里久場川町2-28-1　Yui-
Rail美榮橋站步行15分
🅿2輛

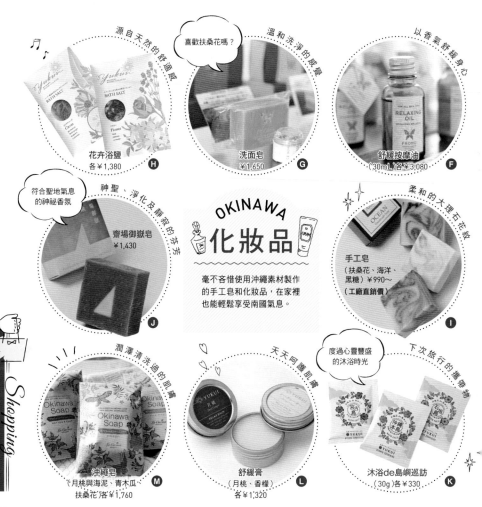

源自天然的舒適感

喜歡扶桑花嗎？

溫和洗淨的感覺

以香氣舒緩身心

花卉浴鹽
各￥1,380
H

洗面皂
￥1,650
G

舒緩按摩油
（30mL）各￥3,080
F

符合聖地氣息
的神祕香氛

神聖、淨化及靜謐的芬芳

柔和的大理石花紋

齋場御嶽皂
￥1,430
J

OKINAWA 化妝品

毫不吝惜使用沖繩素材製作
的手工皂和化妝品，在家裡
也能輕鬆享受南國氣息。

手工皂
（扶桑花、海洋、
黑糖）￥990～
（工廠直銷價）
I

潤澤清洗過的肌膚

天天阿護肌膚

度過心靈豐盛
的沐浴時光

下次旅行的隨手禮

沖繩皂
（月桃與海泥、青木瓜、
扶桑花）各￥1,760
M

舒緩膏
（月桃、香樟）
各￥1,320
L

沐浴de島嶼巡訪
（30g）各￥330
K

F.帶給肌膚彈性的保濕按摩油 G.
「沖繩花卉」肥皂的素材是扶桑花
H.「花卉」毫不吝惜地混合6種花
瓣，裝在尼龍網袋裡 I.溫和洗淨
的感覺能夠潤澤肌膚 J.南城市地
域物產館亦有販賣 K.以各島海鹽
為主要原料，搭配天然成分的入浴
劑。其他還有久米島和粟國島 L.
兼具高雅香氣和呵護肌膚功能的乳
油木果油 M.經由不加熱的冷製
法，讓來自天然的有效成分發揮作
用

H **K** **L** **M**

La Cucina SOAP BOUTIQUE

ラ クッチーナ ソープブティック

嚴選優質植物性油脂製成
的肥皂，洗後肌膚滋潤水
嫩，使用感佳，頗受顧客
好評。

那霸、首里 ▶ **MAP** 附錄 P.16 B-3

☎ 098-988-8413 休 週三、
日 🕐 12：00～20：00
📍 那霸市松尾2-5-31
🚃 Yui-Rail県庁前站步行10分
🅿 無

I **J**

Island Aroma

アイランドアロマ

以沖繩縣產嚴選原料製成
的手工皂專賣店，店裡還
會販賣季節限定用品和香
氛用品。

南部 ▶ **MAP** 附錄 P.5 D-2

☎ 098-948-3960 休 週五、
假日 🕐 10：00～18：00
📍 南城市知念吉富42
🚗 南風原北IC 17km
🅿 8輛

F **G**

FROMO

フローモ

販售使用植物油和香草製
造的化妝品。店面由外國
人住宅重新改造而成，還
可以內用蜂蜜飲料。

中部 ▶ **MAP** 附錄 P.8 A-3

☎ 098-956-2324 休 週一～
三 🕐 11：00～18：00
📍 嘉手納町水釜476 #7229
🚗 沖繩南IC 9km
🅿 3輛

月桃化妝品因當紅模特兒在IG上介紹而蔚為話題，迷上其香氣和功效的人接連出現。

Casual Food

還可以一次買齊再寄送

沖繩伴手禮就在當地超市買

沖繩超市從伴手禮、食品到酒類都一應俱全，
價格實惠。還提供寄送服務，觀光客也愛捧場。

塑膠袋要收費！
帶購物袋
去採買吧

金楚糕
也有

發現
紅地瓜塔！

for Souvenir
1

也有設置沖繩伴
手禮專區的店家

雪鹽金楚糕
牛奶風味
（2個×12個裝）
使用宮古島雪鹽，滋
味溫和的金楚糕

元祖紅地瓜塔
（6個裝）
沖繩伴手禮超級基本
款。分量選擇很豐富

くがに金楚糕
（16個裝）
重現金楚糕傳說
中原本的圓形

for Souvenir
2

方便的即食食品
非買不可

塔可飯
（2袋裝）
塔可肉和辣醬的搭配

迷你切丁馬鈴
薯粗鹽醃牛肉
添加切丁馬鈴
薯，可以加進歐
姆蛋或炒飯裡

絕對
要
選購！

上／SPAM低鹽罐頭肉
下／薄鹽豬肉午餐肉
只要有了這個，就可以
在家品嚐沖繩食堂的基
本款菜色豬肉蛋

燉豬肉
內有濃稠的三層
肉和牛筋，加熱
即可食用

※以上內容由編輯部調查，有些店家不會販售這些商品。
※各個商品的價格依店家而異。

for Souvenir 3
一次買齊自家用麵食

for Souvenir 4
沖繩辛香料也任君選購

for Souvenir 5
零食也最適合當作伴手禮

沖繩麵
鰹魚昆布高湯與Q軟的扁麵很對味

Okiko拉麵（4袋裝）
雞汁口味的迷你拉麵，可愛的包裝一看就想買

沖繩麵款（2份裝）
沖繩麵附豬骨鰹魚湯頭

苦瓜片（12g）
沒有苦瓜的苦味，容易入口。使用粟國島的鹽

豬耳皮肉乾（9g）
味道微辣，也適合當作茶點或下酒菜

奧利恩啤酒花生豆（5袋）
添加奧利恩啤酒酵母的綜合花生豆

天使之翼（30g）
鬆軟的口感入口即溶，略帶鹽味

A1醬
帶有煙燻香氣，是沖繩牛排不可或缺的調味料
也能加拉麵和豬肉湯

泡盛辣椒
將島嶼辣椒醃漬在泡盛酒裡的辣味調味料，可以加幾滴到沖繩麵上

EGGO沙拉淋醬
美乃滋型淋醬，具備溫和的滋味

沖繩風天婦羅粉（500g）
能夠輕鬆做出沖繩風天婦羅的混合粉

命之鹽
用宮城島海水做成的鹽，礦物質豐富

當地超市

沖繩本島開設13家店

天久RYUBO
あめくりゅうぼう

不愧為RYUBO琉貿百貨公司旗下的超市，品質奇佳。採24小時營業，還有沖繩伴手禮專區。

那霸・首里 ▶ **MAP** 附錄 P.6 B-3
☎ 098-941-1188　**無休**　**24小時**
♀ 那霸市天久1-2-1　♀ Yui-Rail おもろまち站步行20分　**P** 690輛

沖繩本島開設18家店

FRESH PLAZA Union 赤嶺店
フレッシュプラザユニオンあかみねてん

「現在營業中，因為我們是UNION」是縣民熟悉的廣告標語。所有店鋪都是24小時營業，颱風時也多半不打烊。

那霸・首里 ▶ **MAP** 附錄 P.6 A-4
☎ 098-857-6577　**無休**　**24小時**
♀ 那霸市赤嶺2-4-4　♀ Yui-Rail赤嶺站即到　**P** 68輛

沖繩本島開設56家店

Town Plaza Kanehide NISHINOMACHI MARKET
タウンプラザかねひでにしのまちいちば

店鋪入口和精肉賣場網羅沖繩特產，推薦購買沙翁。公司擁有自己的豆腐加工中心，豆腐保證美味。

那霸・首里 ▶ **MAP** 附錄 P.6 A-3
☎ 098-863-4500　**無休**　**9:00～翌1:00**
♀ 那霸市西3-3-4　♀ Yui-Rail旭橋站步行20分　**P** 113輛

沖繩超市在某些時段會出現店員細心幫忙打包的罕見光景，當然就算顧客自備購物袋也一樣。

限定商品真有趣！

沖繩便利商店情報看這裡
沖繩的便利商店有很多在地商品，需要盤點一番！

❸ 沖繩冰淇淋可以消暑
來點麵包超人冰棒或其他縣內才看得到的冰淇淋，小憩片刻。

❷ 這裡會販賣復古又可愛的當地麵包
具志堅麵包、Okiko麵包推出的甜麵包是沖繩縣民懷念的味道。包裝也散發出好滋味。

❶ 豬肉蛋飯糰和香片茶很搶手
肚子有點餓時，到便利商店就很方便。沖繩旅遊的必備良物就是豬肉蛋飯糰和香片茶。

斑馬麵包 ¥222
※廠商建議零售價
夾著黑糖醬和顆粒花生醬的麵包

好朋友麵包
半塊 ¥194
※廠商建議零售價
可可亞麵團的，麵包夾著香草風味的奶油

新垣金楚糕冰淇淋
¥162
※廠商建議零售價
鹽味香草冰淇淋內有金楚糕碎塊，相當對味

豬肉蛋飯糰
海底雞美乃滋口味
¥235
飯糰的餡料有3種，分量十足★

香片茶
（600mL）¥100
以爽口的茉莉花茶潤喉

❺ 便利商店的原創泡盛酒看不出是酒
沖繩全家便利商店的杯裝泡盛酒既輕盈又方便，適合當伴手禮。外觀也不錯！

泡盛酒咖啡
（12度，300mL）
¥270
兌泡盛酒稀釋的冷泡咖啡

❹ 離島精選伴手禮很豐富
沖繩全家便利商店會經銷「精選沖繩離島好物」，小巧的玻璃容器瓶也很可愛。

島嶼辣椒味噌
（石垣島，75g）
¥750
味噌裡加鮪魚和芝麻，能夠當作飯糰的餡料

芒果果醬
（來間島，60g）¥880
使用宮古島產全熟芒果，散發自然的甘甜

添加島嶼辣韭的島嶼辣油
（久米島，60g）
¥810
辣油風調味料，能讓豆腐或義大利麵的滋味更突出

沖繩全家便利商店的內幕

關東煮加沖繩麵？
向櫃檯索取裝有沖繩麵的容器，挑選關東煮配料再淋上湯汁就完成了★照片為全家便利商店的沖繩麵配烤豬腳
¥324

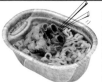

※僅在那霸空港ターミナル店、恩納たんちゃ店及部分分店販賣。

※有些分店不販售部分商品。

讓您重啟心靈

ℋealing

想在度假空間度過奢華時光！
無論是SPA美容，
或是做瑜珈重整身心，
就在沖繩實現這所有的願望吧♪

Today is my
relaxing day!

やちむんの里
やちむんのさと
≫MAP 附錄 P.8 A-2

在當天之前預約 要做SPA之前就要

Relax Spa

獲得明日的「美貌」

體驗沖繩SPA變身理想「美姑娘」

到南國度假村享受來自天然的SPA療程，真是格外奢侈的一刻。
就在這無比幸福的時光中重整身心吧。

1
More Beatiful

2

3

4

5

1. 以扶桑花泡腳有效改善足部浮腫和畏寒　2. 體膜敷料為西印度櫻桃和島鹽等　3. 到度假村度過午後時光。有時奢侈一下也不賴　4. 按摩後的泡澡療程讓磨砂成分滲透體內　5. 在洋溢開放感的空間進行舒緩按摩

Spa menu

庭園療癒（6~9月中旬）
足部按摩

⏱ 所需時間　約30分
¥ 費　用　¥6,600

在泳池旁的專用小屋進行的夏季限定活動。實施時間為15~18時，舒服過頭到會讓人不小心睡著

〈全年活動〉
組合療程（90分）
¥13,200~

臉部療程（40分）
¥6,600~

It's Nice!!

還有情侶療程

成雙微風療程可由男女兩人共同體驗。按摩和磨砂體膜成套療程為2人90分¥22,000。

COCO SPA
ココスパ

以悉心的徒手按摩塑造光澤美肌

這裡所能享受的療程，使用富含維他命和礦物質的沖繩自然素材。內容以徒手按摩為主軸，從使用扶桑花和薑黃等物的磨砂體膜，到頭部或足部的局部療程，種類豐富。部分療程還附贈餐廳料理主廚推薦的美肌菜色，從體內開始變美。

中部　▶ MAP 附錄 P.8 B-1

☎098-964-4457　休 無休　⏰12:00~21:00　♀うるま市石川伊波501
Coco Garden Resort Okinawa內　🚗石川IC 2km　🅿40輛

CHURASPA
チュラスパ

參加琉球阿育吠陀療程
享受無比幸福的時光

由經驗豐富的治療師全程徒手進行的療程備受公認。除了島鹽、長籽柳葉菜、黑糖及其他沖繩才有的素材之外，使用阿育吠陀護膚品牌「SUNDĀRI」的療程也應有盡有。訪客也可參加。

那霸、首里 ▶ MAP 附錄 P.6 A-3
☎ 098-868-2222（那霸遙索爾水療中心）
休 無休　⏰ 14:00～21:00　♀ 那霸市西3-2-1
那霸遙索爾水療中心內　♥ Yui-Rail旭橋站步行15分　P 350輛

Hot
Blissful Time

Spa menu
琉球 Balance Session
（2 小時）　　　　　¥32,000～
包含身體磨砂在內，以琉球阿育吠陀的方式調整身體的節奏。

1. 位在那霸遙索爾水療中心
2. 採用沖繩獨有的素材
3. 沙龍內沉穩的照明能夠讓人放鬆
4. 陶醉於全程徒手悉心施作當中

沖繩島麗思卡爾頓水療中心
ザリッツカールトンスパおきなわ

眺望綠意盎然的森林，
同時體驗優質療程

獨立於飯店棟的SPA棟，在這裡能夠體驗使用月桃、虎蛤的貝殼及其他沖繩固有素材的療程，協助療癒疲勞，導引至深度放鬆。假如參加療程，還可以使用Heat Experience（溫水浴設施）。

中部 ▶ MAP 附錄 P.11 C-2
☎ 0980-43-5691　休 無休　⏰ 9:00～21:00
♀ 名護市喜瀨1343-1　♥ 許田IC 5km
P 108輛

Relax Time

Spa menu
山原海風（90 分）　　¥35,000～
使用溫熱的貝殼和精油，替全身溫柔按摩。

1. 室外按摩浴缸的開放時間為9～21時
2. 使用貝殼溫柔舒緩全身上下
3. 使用最高級素材製造的療程產品
4. 按摩用的貝殼

沖繩SPA

Healing

請在接受療程1小時前用完餐，或等結束後再用餐。

Luxury Stay

體驗高級飯店獨有的成熟時光

窩在嚮往的飯店也能玩得盡興

入口前方寬闊的奢華空間，從客房窗戶看到的美麗風景令人陶醉。
讓我們告別繁忙的日常，度過無比幸福的一刻吧。

烏扎露臺海灘俱樂部別墅
ジ・ウザテラス ビーチクラブヴィラズ

獨棟別墅共48間，所有客房都號稱廣達88平方公尺以上，廚房＆客廳、臥室＆浴室皆為獨立建築。還備有寬敞的私人泳池，能以造訪別墅的心情盡情放鬆。24小時制的管家和其他細心的服務無微不至，也讓人覺得開心。

中部 ▶ MAP 附錄 P.8 A-1
☎ 098-921-6111 IN 15:00・OUT 11:00
¥ CLUB POOL VILLA單臥室雙床房1泊房價
13萬7400円～ 室 48間 ♀ 読谷村宇座630-1
🚗 石川IC 13km Ｐ 44輛

1. 採光通風良好的開放空間很吸引人 2. 延伸到別墅的小路正好可以散步 3. 從2樓宴客廳看到的夕陽也很美 4. 在飯店內的自家農園「Our Farm」散步也是件樂事

❝ 享受極致優雅的
私人假期 ❞

─── 窩在飯店的重點 ♡ ───

以無比幸福的全身美容放鬆身心

全身美容室

參加活用沖繩素材、香草及其他植物精華的獨家療程，重整身心。

奢華的晚餐時光

精緻餐飲

晚餐就到能夠看見美麗東海的餐廳，品嘗以義大利菜為基調的歐陸料理。

24小時都能選在喜歡的時間游泳

私人泳池

所有的客房都備有能夠舒暢游泳的寬敞泳池。貝殼造型的噴泉很時尚。

Ocean View!

為沖繩自然環境編織而成的藝術風景飯店

THE BUSENA TERRACE

ザ・ブセナテラス

全區由飯店棟和18棟小屋組成。客房裝潢會考量到如何最能呈現窗外的景色，散發簡單卻高尚的氣氛。大套房的小屋還有附私人泳池的房型，水上活動的內容也很豐富。

中部

▶ MAP 附錄 P.11 C-1
☎0980-51-1333
IN 14:00・OUT 11:00
♥ DELUXE ELEGANT OCEAN FRONT 1泊床價39600円〜
♥408間 ♀名護市喜瀨1808 ♀許田IC 4km ♥350輛

1. 藍海和亞熱帶綠意包圍的南國度假村
2. 廣闊的飯店用地內是以免費接駁巴士輕鬆移動
3. 面積為43平方公尺大的 DELUXE ELEGANT OCEAN FRONT 客房
4. 夕陽巡航（1小時）的住宿客船費為 ￥4,400

窩在飯店的重點♡

飯店前遼闊的部瀨名海灘

全長760公尺的海灘終年皆可游泳（4〜10月會常駐救生員）。住宿房客可以免費租借遮陽傘等物。

觀海咖啡廳露臺 La Tida

可以早點起床看海，同時享用優雅的早餐。晨間的海洋極為透明，從露臺座眺望的景色格外美麗。

窩在飯店的重點♡

來自地下1500公尺的恩賜美麗海之湯

能在觀海的同時入浴的溫泉，包含室內浴池、半露天浴池及三溫暖。使用費￥1,650（俱樂部棟住宿房客免費）。

被太古的海水包圍 BELLE MER

活用沖繩自然恩賜和太古海水的海水浴療。16歲以上可預約使用。（45分）￥2,160。

Healing

嚮往的飯店

66 館內處處可見海景 99

Orion本部渡假SPA飯店

ホテル オリオン モトブ リゾート＆スパ

以郵輪為意象的飯店，沖繩美麗海水族館就在徒步範圍內。飯店內有海洋棟和12歲以上才能使用的俱樂部棟。還有泳池、溫泉、海水浴療SPA等設施，能夠盡享SPA假期。

北部

▶ MAP 附錄 P.19 B-3
☎0980-51-7300
IN 14:00・OUT 11:00
♥海洋雙床雙人房1泊附早餐14300円〜
♥238間 ♀本部町備瀨148-1 ♀許田IC 28km ♥200輛

1. 室外泳池附設按摩浴缸
2. 從俱樂部棟的休息廳眺望伊江島
3. 俱樂部棟標準套房
4. 自助式早餐從6時30分起開始供應

飯店可以體驗各種活動，其中有些還可當天報名。

 Hotel Meal

用早餐補充1天的精力

飯店的美味早餐是旅行的基本

採用大量島嶼蔬菜的沖繩料理、現烤的飯店麵包和歐姆蛋等。
敬請享用主廚展現手藝引以為豪的早餐。

menu
藥膳早餐
¥3,300

堅持製作沖繩傳統菜色
50道菜熱量585大卡的藥膳早餐

1

豆腐花湯
添加自家製辣椒，
可以溫熱身體

長命草汁
添加新鮮鳳梨汁，
滋味容易入口

豆漿
每天用大豆榨汁
的手工豆漿

香檬汁
特徵是酸甜到足
以提神

島嶼紅蘿蔔沙拉
以微辣的沙拉醬
提味

藍莓醬
多酚含量豐富

縣產蜂蜜
沖繩縣產的罕見蜂蜜

黑糖白芝麻醬
最搶手的麵包佐料

自家製辣椒
可依喜好添加辣味

沖繩第一飯店
おきなわだいいちホテル

從1955年創辦時就廣受許多文藝人士喜愛的老字號飯店，以早餐聞名。回歸沖繩料理的原點，使用大量沖繩獨有的食材，再以傳統調味款待顧客。每一道料理用陶瓷和琉球玻璃容器悉心盛裝，數量多達20盤以上。訪客也可只用早餐不住宿，要在前一天預約。

那霸、首里 MAP 附錄 P.16 B-2
☎ 098-867-3116 IN 15:00 OUT 10:30
¥ 雙床房1泊房價17600円～ 5間
♀ 那霸市牧志1-1-12 Yui-Rail県庁前站步行10分 P 5輛

1. 早餐為8時～11時30分，種類之多令人大吃一驚
2. 紅瓦屋頂其實在很有沖繩風格，入口和中庭的綠意也很美
3. 客房有單人房、雙床房及和室，總共5間

醃冬瓜
用砂糖熬煮的冬瓜甜點

季節水果
一口大小容易食用

綠豆湯
綠豆和麥片加黑糖煮成的茶點

自家製麵包
混入薑黃和紅地瓜烘烤而成

絲瓜、醋大豆、醃漬島嶼紅蘿蔔
絲瓜水煮過再加上甜味噌

紅地瓜
品嚐蒸過之後的簡單滋味

Nice!!

芹菜炒蘆薈
添加鈣質豐富的櫻花蝦

甜煮田芋
用黑糖煮成Q軟的口感

炒木瓜
以島嶼胡椒假華拔提味

醋味噌拌馬齒莧
馬齒莧是生命力強韌的島嶼蔬菜

宮古紫莧佐油味噌
沒有澀味，直接生吃就很可口

Nice!!

醬油泡山蘇
使用新芽的八重山地區傳統料理

新鮮海髮菜
富含膳食纖維褐藻醣膠

島嶼辣韭
可望讓血液變清澈，恢復疲勞

豆腐拌齒葉苦菜
獨特的苦味適合島嶼豆腐的甜味

長命草沙拉
長命草切絲之後淋上醬油

Healing

飯店的早餐

假如想吃早餐，至少要在前一天向飯店預約。

Refresh Yoga

藉由放鬆和重整讓心情變爽快

在瑜珈女子矚目的飯店感受多樣體驗

據說在豪華的沖繩度假飯店體驗瑜珈，就會變得愈來愈美麗。
真想試著在海灘聆聽波浪聲的同時做瑜珈。

BEAUTIFUL!!

樣式1

| 4～9月 |
| 暮光立式划槳 |
| 瑜珈 |

50 分
住宿者¥7,500
訪客¥8,500
預約制

在立式划槳上做
備受矚目的瑜珈

1

沖繩蒙特利水療度假酒店

ホテルモントレおきなわスパアンドリゾート

網羅多種瑜珈和保健課程的SPA度假飯店，能在無邊際游泳池和老虎海灘觀賞美麗的沖繩景色，同時體驗瑜珈。從以重整身心為目的的基本瑜珈，到在立式划槳上進行蔚為話題的瑜珈，課程都很豐富，不妨隨意參加一下。

中部
▶ MAP 附錄 P.10 A-3
☎ 098-993-7111，瑜珈預約或洽詢 ☎ 098-993-7108（老虎海灘度假俱樂部）
IN 14:00 OUT 11:00 ¥ 標準雙床房1泊附早餐16000円～
🏠 339間 ♀ 恩納村富著1550-1
🚗 石川IC 5km P 238輛

2

1. 眺望美麗夕陽的同時進行的夏季限定課程 2. 備有溫泉和4座泳池的度假飯店。眼前的老虎海灘一望無際

132

日落後會在燈火通明的無邊際游泳池舉行，重點在於能夠在夢幻的空間進行體驗

使用立式划槳在開放感出眾的海上舉辦的課程。瑜珈結束後也可以用立式划槳來趟迷你巡航

基本上是簡單的動作，新手也能輕鬆體驗。
身心都會獲得重整

Healing

瑜珈女子矚目飯店

1. 開始時間10分前要在現場集合
2. 夕陽瑜珈會配合日落的時間開始

這也備受矚目

各地舉行

瑜珈課程

聆聽波浪聲的同時做瑜珈

沖繩海灘瑜珈
おきなわビーチヨガ

於沖繩縣內8座海灘舉行，包括安良波海灘（MAP 附錄P.8 A-4）及21世紀之森海灘等。能夠體驗晨間瑜珈或夕陽瑜珈，還可花￥200租借瑜珈墊。

090-7370-6561
天候不佳時
6:00～7:00左右，17:00～18:00左右（視時期而異，預約制，2人起）
預約為https://beach-yoga.net/
※1人花一對一教學費用亦可體驗

室外瑜珈會在天候不佳時變更地點或內容，也可能中止舉行，要事先查詢是否異動。

古座間味海灘
ふるざまみビーチ
>>P.136

>>P.136

稍微走遠一點

Active
area

Kerama Islands

{ *Zamami / Aka / Geruma / Tokashiki* }

慶良間群島〈座間味、阿嘉、慶留間、渡嘉敷〉

從那霸可以輕鬆當天來回的離島，能夠看到號稱慶良間藍的美麗大海一望無盡，
享受感動的體驗。

HERE'S KERAMA ISLANDS

座間味島　泊港出發 50分

阿嘉島

慶留間島

渡嘉敷島　泊港出發 35分

泊港

Access

那霸機場	Yui-Rail 14分	美栄橋站	步行 10分	那霸泊港	高速船50分（直航）	座間味島 阿嘉島
	計程車 20分				渡輪1小時30分～2小時	
					高速船35分	渡嘉敷島
					渡輪1小時10分	

在碧藍大海度過
最佳的海灘時光

Islands **01**

前往離島獨有的極致透明大海

享受**跳灘遊**

珊瑚礁環繞的海灘平淺，波浪穩定。在悠閒自在
的氣氛中療癒身心，同時享受海水浴和水上休閒活動。

👣 之一

座間味島

古座間味海灘

ふるざまみビーチ

座間味島海灘的雪白珊瑚沙和透明的慶
良間藍呈現美麗的對比。只需從海邊游
幾公尺，就會遇到熱帶魚。

座間味島 ▶ **MAP** 附錄 P.14 B-2
☎098-987-2277(座間味村觀光協會)
🕐自由入場 ♀座間味村座間味 ⛴座間味港
步行15分

1

Be Active!

體驗資料

海上獨木舟1日行程

| 💴 費 用 | ¥12,500 |
| ⏱ 需 時 | 約5小時30分 |

想
要
參
加
活
動
的
話

1

1. 划獨木舟前往既像無人島，又像私有地的海灘　2. 浮潛時還有可能遇到海龜
3. 有工作人員指導，初學者也放心　4. 半日獨木舟行程也可以體驗浮潛

之二

（座間味島）
阿真海灘 あまビーチ

擁有美麗的白沙，氣氛也十分閑靜
的海灘。漲潮時海龜會來到海濱的
近處。
»P.138

海灘散步也很有趣

〜❀ **海灘資料** ❀〜

更衣室	免費
淋浴間	冷水淋浴¥300（夏季限定）
廁所	有
用品租借	浮潛器材4件組¥2,000，遮陽傘¥1,000等（夏季限定）
商店	設有夏季限定的輕食店

之三

（阿嘉島）
北濱海灘 にしばまビーチ

阿嘉島最美麗的海灘，珊瑚礁遍布海
邊，也是熱門的海水浴和浮潛定點。

阿嘉島 ▶ MAP 附錄 P.14 A-2
☎098-987-3535（珊瑚故事館）
☐自由入場 ♀座間味村阿嘉 ☐阿嘉港步行
20分

閃耀碧綠光輝
的隱密海灘

1. 座間味島熱門度第一的海灘最適合
浮潛
2. 從木質露臺眺望藍海

〜❀ **海灘資料** ❀〜

更衣室	免費
淋浴間	冷水淋浴¥300（夏季限定）
廁所	有
用品租借	浮潛器材4件組¥2,000，遮陽傘¥1,000等（夏季限定）
商店	設有夏季限定的輕食店

CHECK

在冬季大海遇到鯨魚

冬季限定行程能夠觀賞在慶良間群島近海洄
游的座頭鯨。活動期間可以從島上的瞭望臺
觀測鯨魚所在地，能以高機率遇到鯨魚。

—— 賞鯨之旅 **Q&A** ——

Q.最佳觀賞期是何時？
A.往年以1月到3月中旬為高峰。

Q.乘船時要穿什麼服裝？
A.海上天冷，有時還會濺起浪花，必
須穿著防水禦寒的衣物。

Q.怕會暈船怎麼辦？
A.上船前要服用暈船藥。

幸運的話可以看
到鯨魚強而有力
的跳躍！

→ 座間味村觀鯨協會
ざまみそんホエールウォッチングきょうかい

座間味島 ▶ MAP 附錄 P.15 D-3
☎098-851-4346 ☒開放期間無休 ☐12
月下旬〜4月上旬，報名為8:30〜17:00 ¥
賞鯨遊覽費6000円 ♀座間味村座間味地先
1 ☐座間味港即到

🏄 **體驗資料**

半日獨木舟行程

¥ 費　用	¥7,500
⏱ 需　時	約2小時30分

→ **Kerama Kayak Center**
ケラマカヤックセンター

座間味島 ▶ MAP 附錄 P.15 D-2
☎098-896-4677 ☒不定休
☐夏季為9:00〜18:00（冬季為
17:30） ♀座間味村座間味125-2
🚶座間味港步行3分

假如在海中遇到海龜要悄悄觀察，不要觸摸或追逐。

假如遇到海龜，
應該會成為一輩子的回憶

Islands 02

租輛機車周遊聚落和海灘
騎機車環遊座間味島

假如在港口附近的聚落租輛機車，
就可以開心巡訪透明藍海灘和高地上的瞭望臺。

Ⓐ 👣 海灘

阿真海灘
あまビーチ

平穩的內海適合玩海水浴和海上獨木舟，
也可以在海灘享受露營之樂。漲潮時還有
機會遇見來到淺灘的海龜。

座間味島 MAP 附錄 P.14 A-1
☎098-987-2277（座間味村觀光協會） 🕐自由
入場 ♀座間味村阿真 🚶座間味港步行20分

1

Chishi瞭望臺
稻崎瞭望臺
女瀬之崎瞭望臺　高月山瞭望臺
神之濱瞭望臺　座間味村公所　高月山
阿真海灘　　　　LITTLE KITCHEN
瑪莉琳碑　　　古座間味海灘
座間味港　　Cafe & Bar かふーし堂
　　　さまみむん市場

 Ⓒ 👀 瞭望臺

 Ⓑ 🍴 餐廳

6　5　4　3

1. 划獨木舟前往的無人島就位在海上　2. 還有機會能在浮潛時遇到海龜　3. 能夠品嚐多國菜色的LITTLE KITCHEN　4. 島上遍布鯨魚的裝置藝術　5. 高月山瞭望臺是島上最佳的絕景點　6. 購物就到島上唯一的商店「105ストア」

Ⓓ Cafe & Bar かふーし堂	Ⓒ 高月山瞭望臺	Ⓑ LITTLE KITCHEN	Ⓐ 阿真海灘	從座間味港
《🛵》騎機車即到 0.3km	《🛵》騎機車 5分 2km	《🛵》騎機車 5分 2km	《🛵》騎機車 5分 2km	《🛵》騎機車 5分 2km　START

‥‥‥ 座間味島 ▶ MAP 附錄 P.15 D-2 ☎098-987-3070 🈺週三 🕐11:30～14:00（週二、四休）、18:00～22:00（飲料為～22:30） ♀座間味村座間味28 🚶座間味港步行3分

‥‥‥ 座間味島 ▶ MAP 附錄 P.14 B-1 ☎098-987-2277（座間味村觀光協會） 🕐自由參觀 ♀座間味村座間味 🚶座間味港2km

‥‥‥ 座間味島 ▶ MAP 附錄 P.15 D-2 ☎090-4346-6286 🈺不定休 🕐12:00～14:30、18:00～22:30 ♀座間味村座間味71 🚶座間味港步行3分

‥‥‥ 座間味島 ▶ MAP 附錄 P.15 D-3 ☎070-5536-3934 🈺無休 🕐9:00～17:00 ♀座間味村座間味地先1-1 座間味港ターミナル內 🚶座間味港即到

‥‥‥ 座間味島 ▶ MAP 附錄 P.14 A-1 ☎098-987-2277（座間味村觀光協會） 🕐自由參觀 ♀座間味村阿真 🚶座間味港3km

┋想去阿嘉島、慶留間島的話┋

（阿嘉島）

從座間味島到村內
航路Mitsushima
15分

天城瞭望臺
あまぐすくてんぼうだい

除了可以近距離觀賞形狀
獨特令人印象深刻的佐久
原奇岩群之外，還能眺望
全長530公尺的阿嘉大橋和
慶留間島等地。

阿嘉島 ▶ MAP 附錄 P.14 A-3
📞 098-987-3535（珊瑚故事
館）🕐 自由參觀 📍座間味
村阿嘉 🚶阿嘉港步行15分

memo

想泡海水浴，就去透明度出眾的北濱
海灘（▶P.137）。早晚也常遇到慶良
間鹿，一旦發現蹤跡要悄悄拍攝。

遠眺藍海
的瞭望處

從阿嘉島步行可到的瞭望臺

Bar Yonamine
HOUSE
バーヨナミネハウス

屋齡超過80年，韻味橫生的建
築。能夠品嚐曾在那霸老字號
酒吧學藝的酒保老闆調製的雞
尾酒。

阿嘉島 ▶ MAP 附錄 P.14 A-3
📞 098-896-4786 📅週日
🕐18:00～24:00 📍座間味村阿嘉
144 🚶阿嘉港步行10分

古民家正宗酒吧

1. 紅瓦屋頂的古民家酒吧
2. 原創雞尾酒「透明度50」
¥700

從阿嘉島
騎機車即到

慶良間鹿

（慶留間島）

memo

從阿嘉島橫跨全長530公尺的阿
嘉大橋，還保有純樸景色的島
嶼。餐廳只有1間，沒有商店。

滋味滿溢的
島嶼義大利菜

1. 使用島嶼採
集食材的全餐
式料理
2. 店頭的招牌
也是手工製成

Trattoria Bar 慶留間gnon
トラットリアバールげるマニヨン

由老闆主廚下田培育的蔬菜和島上捕
獲的魚烹調的義大利菜頗受好評，午
晚皆採預約制。

慶留間島 ▶ MAP 附錄 P.14 A-3 Ⓒ Ⓡ
📞 098-987-2650 📅不定休
🕐12:00～15:00、19:00～
22:00（皆為預約制）📍座間味村慶留間54
🚶阿嘉港2km

~ ⚙ 海灘資料 ~

更衣室	免費
淋浴間	冷水淋浴¥300（夏季限定）
廁所	有
用品租借	浮潛器材4件組¥2,000・遮陽傘¥1,000等（夏季限定）
商店	設有夏季限定的輕食店

Ⓕ 👓 瞭望臺 9

神之濱瞭望臺是
觀賞夕陽的名勝

Ⓔ 🛒 商店

Ⓓ ☕ 咖啡廳

8 7

7. 塔可飯¥700等 8. 網羅座間味伴手禮的ざまみむん市場
9. 海水染成暗紅色的黃昏時光

Ⓕ （神之濱瞭望臺） Ⓔ （ざまみむん市場）

抵達座間味港

GOAL

騎機車
7分
3km

B.LITTLE KITCHEN リトルキッチン ……

C.高月山瞭望臺 たかつきやまてんぼうだい ……

D.Cafe & Bar かふーし堂 カフェアンドバーかふーしどう ……

E.ざまみむん市場 ざまみむんいちば ……

F.神之濱瞭望臺 かみのはまてんぼうだい ……

Islands **03**

也是知名的潛水員聖地！
慶良間藍賞玩法

到世界屈指可數的透明大海，飽覽珊瑚礁和熱帶魚的天堂。
多采多姿的水上運動一整年都能享受。

潛水體驗

體驗資料

潛水體驗

- Ⓨ **費 用** ￥10,450～
  （含器材租借費、船費、導覽費及保險費）
- Ⓛ **需 時** 2小時

→ **SeaFriend**
シーフレンド

渡嘉敷島 ▶ MAP 附錄 P.15 D-3
☎098-987-2836　無休
報名為8:00～20:00
♀渡嘉敷村阿波連155
🚢渡嘉敷港5km

1

2

海灘

渡嘉敷海灘
トカシクビーチ

位在鄰近青翠群山的海灣，能夠在風平
浪靜的淺灘享受海水浴。在海灘旁邊的
樹蔭下悠閒度過也不錯。

渡嘉敷島 ▶ MAP 附錄 P.15 C-3
☎098-987-2426（TOKASHIKU Marin Village）
自由入場　♀渡嘉敷村渡嘉敷　🚢渡嘉敷港3km

3

立式划槳

浮潛

海上獨木舟

體驗資料

日落立式划槳

| ¥ 費　用 | ￥5,000（含器材租借費、導覽費及保險費） |
| 🕐 需　時 | 1小時30分 |

➡️ **Acoustic Life**
アコースティックライフ

`渡嘉敷島`

📞 080-2795-9967　`無休`
🕐 報名為8:00～20:00
📍 集合地點需洽詢

體驗資料

浮潛方案

| ¥ 費　用 | ￥5,500（含器材租借費、導覽費及保險費） |
| 🕐 需　時 | 2小時 |

➡️ **Marine House阿波連**
マリンハウスあはれん

`渡嘉敷島` ▶ **MAP** 附錄 P.15 C-2

📞 098-987-2335　`無休`
🕐 報名為8:00～20:00
📍 集合地點為渡嘉敷村渡嘉敷
渡嘉敷港 🚌 渡嘉敷港即到

體驗資料

海上獨木舟半日遊

| ¥ 費　用 | ￥6,000（含器材租借費、導覽費及保險費） |
| 🕐 需　時 | 3小時 |

➡️ **Island's Trip**
アイランズトリップ

`渡嘉敷島` ▶ **MAP** 附錄 P.15 D-3

📞 098-896-4522　`無休`
🕐 報名為8:00～20:00
📍 渡嘉敷村阿波連176
🚌 渡嘉敷港5km

[TOKASHIKI]
慶良間藍賞玩法

在海龜生活的天然海灘
享受極致的海洋體驗

🔱🔱🔱 **海灘資料** 🔱🔱🔱

更衣室	設施使用費￥1,300（含淋浴間使用費）
淋浴間	提供冷水和溫水
廁所	有
用品租借	浮潛器材4件組￥1,500，遮陽傘￥1,500等
商店	有自動販賣機

1. 渡嘉敷島具代表性的海灘之一 2. 海裡遍布珊瑚礁 3. 度假飯店前一望無盡的天然海濱 4. 教練從旁協助，來吧，前往海洋世界 5. 划著海上獨木舟前往珊瑚礁景點或無人島 6. 以浮潛的方式在珊瑚礁海散步 7. 在渡嘉敷海灘玩立式划槳，眺望夕陽西沉

Islands *04*
悠閒漫步在平穩安詳的島嶼
阿波連海灘&周邊散步景點

在島上最當紅的海灘暢遊水上活動後，
再到海灘附近的聚落享受午餐和散步。

遍布到海岸的珊瑚礁和
純白沙灘讓人心生感動

Ⓐ 👣 海灘

阿波連海灘
あはれんビーチ

位在渡嘉敷島西南方的阿波連
聚落前，長約800公尺的純白沙
灘綿延不絕。海水透明度也很出
眾，更是熱門潛水去處。

渡嘉敷島 ▶MAP 附錄 P.15 D-4
☎098-987-2333（渡嘉敷村觀光產業
課） ⏰自由入場 ♥渡嘉敷村阿波連
🚌渡嘉敷港5km

〰️ 🏖 海灘資料 🏖 〰️
更衣室	免費
淋浴間	¥300～
廁所	有
用品租借	浮潛器材3件組¥1,000，遮陽傘¥1,000等（夏季限定）
商店	設有夏季限定的輕食店和商店

1

Ⓓ 🍽 商店

Ⓒ ⛵ 行程

Ⓑ ☕ 咖啡廳

6

5

3

4

3. Octopus Garden的塔可飯¥800 4. 聚落遺留珊瑚砌成的石牆 5. 參加無人島半日遊¥6,000前往離島（hanari島） 6. 發現形狀可愛的珊瑚♪
7. 島むん水果凍各¥215，島產袋裝果凍¥320，果凍¥450～

Ⓓ 島むん 港待合所売店

Ⓒ Island's Trip

Ⓑ Octopus Garden

Ⓐ 阿波連海灘

從渡嘉敷港

抵達渡嘉敷港

GOAL

《🚌》搭巴士10分
5km

《🚶》步行即到

《🚶》步行即到

《🚌》搭巴士10分
5km

START

B.Octopus Garden オクトパスガーデン 渡嘉敷島 ▶MAP 附錄 P.15 D-3 ☎098-987-2844 🈺週二 ⏰11:30～15:00
♥渡嘉敷村阿波連87 🚌渡嘉敷港5km C.Island's Trip アイランズトリップ 渡嘉敷島 ▶MAP 附錄 P.15 D-3 ☎098-896-4522 🈺無休 ⏰13:00
出發 ♥渡嘉敷村阿波連176 🚌渡嘉敷港5km D.島むん 港待合所売店 しまむんみなとまちあいしょばいてん 渡嘉敷島 ▶MAP 附錄 P.15 C-2 🈺無
🈺不定休 ⏰僅限所有船班出航時刻及高速船抵達時刻前後 ♥渡嘉敷村渡嘉敷 渡嘉敷港旅客候船所內
🚌渡嘉敷港即到

島むん 港待合所売店

渡嘉敷海灘
照山瞭望臺

大見座山

Island's Trip ● Cafe島むん＋
Octopus Garden
阿波連海灘 海鮮居食屋シーフレンド
阿波連漁港

離島
（hanari島）

1. 上頭放有三層肉、魚板及蔥的沖繩麵￥700　2. 選址方便在海灘遊玩的空檔順道光顧

海鮮居食屋シーフレンド
かいせんいしょくやシーフレンド

從活魚料理到沖繩家常菜

阿波連海灘附近的用餐處。能夠品嚐從漁夫那邊直接進貨的新鮮魚貝。此外還有很多沖繩特有的料理，從沖繩麵到雜炒應有盡有。

渡嘉敷島 ▶ MAP 附錄 P.15 D-3
☎098-987-2836　休週日
◷7：30～8：30（需預約）、11：30～13：30、17：30～20：00
♥渡嘉敷村阿波連155　♥渡嘉敷港5km　P5輛

1. 畫出柔緩弧線，一望無盡的天然海灘
2. 水上活動也很豐富

Yummy!

將島產的食材做成家常菜

1. 墨魚炒飯￥800
2. 獨門獨戶的咖啡廳蓋在綠意圍繞的庭院中

Cafe島むん＋
カフェしまむんプラス　ⓇⒼ

這家小型咖啡廳能夠品嚐用渡嘉敷島採集的蔬菜和魚貝所做成的料理。墨魚炒飯是最熱門的菜色。晚餐時間建議事先預約。

渡嘉敷島 ▶ MAP 附錄 P.15 D-3
☎080-6497-1392　休週四
◷12：00～18：00（週五～日為～21：00，來店前需查詢營業時間）
♥渡嘉敷村阿波連153
♥渡嘉敷港5km

Island!

從阿波連海灘前往無人的離島

離島（hanari島）是位在阿波連海灘近海處約1公里的無人島。極為透明的海水中有熱帶魚洄泳，最適合浮潛。水上活動店會提供旅遊方案。

渡嘉敷島 ▶
MAP 附錄 P.14 B-4
1. 從阿波連海灘搭船約10分　2. 通透的藍海一望無盡的天堂島

只有這天歡迎！
美軍基地 開放參觀活動

沖繩美軍基地也是組成沖繩大雜燴文化的一項要因。
平常進不去的營區會舉辦開放參觀的活動和跳蚤市場。

某一年的

漢森營★慶典 Report

駐紮在沖繩的美軍各大基地會以日美親善為目的，每年打開1次營門，舉行開放參觀的活動。這次要報導本島北部金武町海軍基地漢森營的開放活動。

MAP 附錄 P.11 C-3

就由我告訴各位！

持續擔任沖繩美軍基地內的廣告代理商以及營區雜誌編輯20年以上。
Okinawa Index 法人代表
Chika Kobayashi

進入PX（營區販賣部）來點小小的美式體驗

美國當紅速食店一應俱全

日幣也能買，還可以外帶

炸雞和飲料都是超大分量！

來，笑一個！這裡可以拍張紀念照

小朋友有機會搭乘軍用車輛，心滿意足

軍用車輛一字排開，酷斃了！

NICE

※2023年舉辦日為2月25日及26日

GOOD!!

飲食攤位五花八門，有美式和民族料理等

熱門外帶美食，直徑40公分以上的特大號披薩

還會舉行一整天的娛樂表演

自助啤酒販賣機，這就是美式風格★

到處充滿新潮又適合拍IG照的場景

在遊戲空間嘗試玩樂體驗！

PLAY!!

6～8月是人事異動期，二手攤很多，還可以挖寶

從童裝到家庭用品，什麼都有

Enjoy

\\FEEL FREE!//
前往週末跳蚤市場♪

海軍基地定期舉辦的跳蚤市場，有時會發現古董或其他罕見的用品，亦受當地歡迎。不妨試著隨意殺個價。用日圓也行。

可以打電話詢問當月跳蚤市場的預定舉辦事宜。英文電話語音之後會有日文導覽，要聽一下說明。
☎098-970-5829

※最新資訊可查看以下網址！
https://www.mccsokinawa.com/fleamarket/

就由我告訴各位！

以網站「沖繩CLIP」的主編名義發布資訊！近年著作為《石垣 宮古 有故事的島嶼旅行指南》。
masayukisesoko.com
現居沖繩的編輯
Masayuki Sesoko

沖繩人的活力來源

好吃！　讓人精力充沛！

去買 島 嶼 食材 吧

以無農藥和有機種植為主，當地農家盡心培育的蔬菜，正是沖繩人的活力來源。難得來到沖繩，要不要從島嶼食材當中帶活力回家呢？

文／Masayuki Sesoko　照片／Masayuki Sesoko、上原哲郎

陳列當令的蔬菜

山原蔬菜很好吃喲

わがやのハルラボしょうてん
わが家のハルラボ商店

店內陳列整排從合作農家進貨的無農藥，無化學肥料，自然栽培的縣產蔬菜和縣內外食材、有機種植自然釀造葡萄酒及生活雜貨等。使用當季縣產蔬菜的今日熟食很受歡迎。

那霸・首里 ▶ MAP附錄 P.6 B-3
☎098-943-9575
週日、一、假日
🕚11:00～18:00
📍那霸市銘苅3-4-1
🚃Yui-Rail古島站步行10分
🅿3輛

クックハル
Cookhal

這家咖啡廳可以購買山原（北部地區）農家栽種的蔬菜，種類豐富到令人吃驚。瓶裝的西洋醃菜看起來也很可愛，最適合當作伴手禮。

北部 ▶ MAP附錄 P.12 B-3
☎0980-43-7170
不定休　🕘9:00～17:00
📍名護市名護4607-1
Nago Agri Park內
🚃許田IC 12km
🅿260輛

146

趁著旅行時去蔬果店吧！

強力推薦各位購買沖繩的食材。沖繩屬於亞熱帶氣候，縣外罕見的特色蔬菜和水果很豐富又美味，講究無農藥栽培和有機種植的農家也在增加當中。蔬果店既有可以直接寄送的食材，也常會和加工品一起販賣，或許能夠發現與一般物產風格不同的伴手禮。請各位務必試試島嶼食材的魅力。

還能「現吃」的食材店

沖繩講究吃的店家逐漸增加，這種店的魅力之一就是大多附設內用空間。比如名護市的Cookhal就是融合蔬果店和咖啡廳的店鋪。因為食材優良，所以樣樣都可口，還能充分享受「現吃」的滋味。

LET'S GO SHOPPING♪

這裡是沖繩人的廚房

要不要自家栽培的「糙麥」？

ゆうきのうさんぶつぱるず
有機農産物 ぱるず

銷售縣內外生產的有機栽培農作物。此外自然釀造的調味料和日本酒、無添加物的加工食品及有機葡萄酒等商品也一應俱全。

〔中部〕▶ MAP 附錄 P.7 C-2
☎098-895-7746
休第1、3個週一
🕘9:30～18:00（週日、假日為10:00～）　♀中城村北上原309　🚗北中城IC 3 km　🅿7輛

ファーマーズマーケットいとまんうまんちゅいちば
ファーマーズマーケットいとまんうまんちゅ市場

285坪的寬敞店內，擺滿了芒果、番茄、紅蘿蔔、島嶼香蕉及其他本島南部的食材。還有當地業者製作的島嶼豆腐等加工品，能夠體驗到沖繩食材的豐富。

〔南部〕▶ MAP 附錄 P.4 A-3
☎098-992-6510
休舊曆盂蘭盆節
🕘9:00～18:00　♀糸滿市西崎町4-20 公路休息站いとまん内　🚗那霸機場8km　🅿200輛

當地女性推薦！

有了這個就能熬過南國的酷暑♪

沖繩必備雜貨

以下會介紹當地女性推薦的用品，從抗UV霜到時尚的太陽眼鏡和連身裙，
到沖繩旅行時馬上就用得著。有了這個就能輕鬆度過沖繩的酷暑。

就由我告訴各位！

這裡挑選了我平常愛用的東西和感興趣的熱門用品！統統都是一用就愛不釋手。
現居那霸市的編輯兼作家
Minami Shinzato

適合沖繩的氣候

1 ori to ami的 阿檀葉編帽
¥25,000～

以沖繩海岸常見的阿檀葉編成的帽子。過去以「琉球巴拿馬帽」一名為人所知，現在製帽師只有寥寥數名。ori to ami的帽子編法細膩，造型美觀，包含費多拉帽及其他五花八門的款式。除了接受訂做之外，還會舉辦製帽工作坊。

2 Doucatty的 手拭巾
1條¥1,500～

五彩繽紛的手拭巾與沖繩風景相映成趣，這種時尚用品也能當作手帕或毛巾使用。從珊瑚和其他沖繩特有的紋樣，到夫婦搭檔「Doucatty」的愛貓圖案，五花八門的紡織品都是逐一悉心染製，在工房尋找中意的花色也是件樂事♪

3 Nature Plants Skin Care的 珊瑚抗UV霜
（50ml）¥4,818

拿來定妝也好用♪

由化妝師守本理惠女士經營的有機化妝品品牌的抗UV霜，也是很多模特兒的愛用品。使用沖繩珊瑚粉和其他自然素材製成，即使天天用，對肌膚的負擔也很小，觸感像保濕霜一樣柔潤滑順，用一次就愛不釋手！

鮮豔的配色很可愛

fabric的
4 船領方形連身裙
¥15,400

輕盈柔軟的亞麻素材連身裙，能夠讓人舒適度過沖繩的夏天。這件優質的衣物不但能穿去海灘，穿去度假飯店或餐廳也很隆重。顏色可選黃紅藍3色。觸感柔和又清爽，讓人想要湊齊所有的顏色。

好想天天穿♡

オリトアミ
1 ori to ami

[販賣]欲購買時需至Facebook粉絲頁洽詢
[URL] https://www.facebook.com/ORITOAMI/

ドゥキャティ
2 Doucatty

南部 ▶ MAP 附錄 P.5 C-2
☎098-988-0669 休週日、一
🕐9:30～16:30 ♀南城市佐敷新里740-1 🚗南風原北IC 8km
🅿2輛

ネイチャープランツスキンケア
3 Nature Plants Skin Care

[販賣]CONTE MAP 附錄 P.18 B-2
暮らしの發酵STORE
MAP 附錄 P.8 B-4
網路商店
[URL]https://natureplantsskincare.com

ファブリック
4 fabric

中部 ▶ MAP 附錄 P.8 A-3
☎098-926-5474 休週四
🕐12:00～20:00 ♀北谷町港7-10 🚗沖繩IC 5km
🅿無

ビボン
5 VIVON

中部 ▶ MAP 附錄 P.6 B-2
☎098-917-1290
休不定休 🕐12:00～17:00
♀浦添市当山1-7-7
🚗西原IC 2km 🅿3輛

○×GAME
-對了，來玩○×遊戲吧-

光是戴上去就會增加時尚度

VIVON的
5 裝飾眼鏡
○×GAME ¥38,500
ENTITY ¥52,800

由曾在倫敦學過珠寶設計，來自沖繩的藝術家設計的眼鏡「VIVON」散發個性的光芒。纖細極簡的鏡框，光是戴上去就會讓表情產生獨特的存在感。

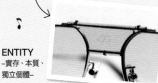

ENTITY
-實存、本質、獨立個體-

為各位送上 網羅沖繩奇談的當地話題

這一頁要介紹不必尋找就會有的沖繩奇談！從令人驚嘆到讓旅途更愉快的資訊，為各位送上沖繩小知識。出發前就來查看一下吧。

就由我告訴各位！

Haisai（大家好）！只要了解不僅止於觀光地的「沖繩風格」，就能盡情玩賞沖繩！

現居沖繩的旅遊雜誌撰稿作家

— Tsubasa

這是什麼？ 傳統的沖繩點心

沖繩發展出獨特的飲食文化，讓人滿頭問號的食物一大堆。只要到超市或市場即可輕鬆購買，各位不妨挑戰一下沖繩特有的傳統點心。

什麼是光餅？

這是沖繩自古相傳的烘焙點心，餡料通常會揉合花生和芝麻，還有店家販售使用芝麻和黑糖的傳統餡料。日文唸作「Konpen」或「Kunpen」。

什麼是炸彈飯糰？

球形魚板當中放了雜炊飯，可以當作點心食用，但分量也很足。

魚板

雜炊飯

裡面是這樣！

什麼是鬼餅？

將糯米粉以黑糖、紅地瓜及南瓜等物調味，再用月桃葉包好蒸熟的糯米糕。舊曆12月8日會食用這種點心，以祈求健康長壽。

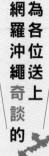

WHAT?

什麼是波波餅？

類似可麗餅，期盼孩子平安長大而製作的傳統點心。口味依店家而異，有的會加黑糖或塗抹油味噌，種類五花八門。

這也很討喜！ 醜萌風獅爺 ♥

我可愛嗎？

住家或店鋪的屋頂上會有沖繩守護神風獅爺。從彷彿專家做的帥氣風獅爺到好像小孩做的醜萌風獅爺，個性都各有特色。還是說其實也有家裡人自己做來裝飾的！？

讓人不禁噗哧一笑 發現有趣的招牌！

設置在縣內各地的奇特招牌，連交通安全標誌都妙語如珠，逗人發笑，還有人將同學通知的橫幅懸掛在國道沿路上。最近社群網站發達，這種風氣似乎逐漸式微，但實在很有趣。

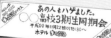

到處都看得到，但…… 神秘石碑

不是門牌！

這個驅魔石碑稱為「石敢當」，會設置在T字路口和三岔路上。碑上有字或許看起來像門牌，上面刻的卻不是人的名字。

咦？你剛說啥？

就想知道這個
沖繩的方言 〔沖繩話〕

沖繩方言簡直就像外文一樣難懂。但就因為有方言，旅遊才會更愉快！單憑在語尾加個「Sa-」，就會覺得自己成了沖繩人，真不可思議！

Uchina-=沖繩、沖繩的
→「Uchina-ncyu」指沖繩人，其他府縣的人是「Naicya-」

Menso-re=歡迎
「Menso-re Okinawa」是歡迎來到沖繩的意思

Haisai=你好
→日夜都能用的招呼語，女性會說「Haitai」

Nankurunaisa-=總會有辦法
→悠哉成性的沖繩縣民就適合這個詞，常用於平常的對話中

Nife-de-biru=謝謝
→主題樂園的入口等地經常會聽到的詞

Chibariyo-=加油
→夏天的甲子園經常會聽到「Chibariyo- Okinawa」（加油沖繩）

Kuwacchi-sabira=我要開動了
→「Kuwacchi-」是多謝款待的意思，年長者偶爾會用

Kame-(Kame-kame-)=快吃
→市場上有時會遇到大嬸的「Kame-kame-攻擊」

De-zi=非常、超級
→年輕人用語之一

Cyura=美麗
→「Cyuraumi」是美麗海，「De-zi, Cyuraka-gi」意思是超級大美女

Anma-=母親
→父親是「Su-」，祖母是「Obaa」，祖父是「Ojii」

Yuntaku=閒話家常
→民宿的「Yuntaku」，意思就是投宿者之間的談天交流

~shimasyoune=要做某件事
→「Ikimasyoune」在沖繩方言中的意思是要去某個地方

Akisamiyo-=咦！嗚哇！
→唸起來有點長卻是感嘆詞，悲傷時也會用

老師，我、我不會…

太難唸了吧…
難讀地名

沖繩有很多不熟悉的地名。要是在旅途當中問路，手指著地名卻唸不出來就麻煩了。為了避免這種情況，起碼要先預習市町村名的唸法。

〔基礎編〕

國頭村【Kunigamison】
大宜味村【Oogimison】
今歸仁村【Nakijinson】
本部町【Motobuchou】
恩納村【Onnason】
東村【Higashison】
讀谷村【Yomitanson】
宜野座村【Ginozason】
北谷町【Chatanchou】
金武町【Kinchou】
宜野灣市【Ginowanshi】
中城村【Nakagusukuson】
南風原町【Haebaruchou】
糸滿市【Itomanshi】
豐見城市【Tomigusukushi】

〔超・上級篇〕　答案寫在這一頁的下方

① 東江（北部・名護市）
② 東風平（南部・八重瀨町）
③ 保榮茂（南部・豐見城市）

神秘集團
「Moai」你知道嗎？

這不是復活節島的摩艾石像，而是「模合」，指沖繩特有的金融互助體系，定期繳納會錢積少成多。小至飲酒會的資金支出，大至事業經營資金的調度，用途五花八門。居酒屋還會以「主打模合」為宣傳推出全餐料理。

小心秧雞跳出來！
山原秧雞標誌

山原秧雞是國家指定天然紀念物，棲息在北部山原的森林。這種鳥是出了名的不會飛，經常在過馬路時遭車輛輾壓，所以才會樹立標誌作為警示。

とび出し注意

開車時要當心！
車牌號碼Y.E.A

英文字母的車牌代表車輛與美軍有關。假如與這種車牌的車輛發生車禍，善後就會比一般事故更麻煩，開車時要小心。

答案／東江→Agarie 東風平→Kochinda 保榮茂→Bin

沖繩其他有趣的
慶典&活動

海洋博公園煙火大會 海洋博公園花火大会
日期：2023年7月15日
地點：海洋博公園翡翠海灘
費用：免費（有付費區，1人1席2300円）
官網：https://oki-park.jp/hanabi2023/

海港北谷嘉年華 シーポートちゃたんカーニバル
日期：2023年7月21日～9月29日每週的週五、8月20日
地點：濱川漁港西防波堤
費用：免費
官網：https://www.chatan.or.jp/zh-hant/

琉球燈會 琉球ランタンフェスティバル
日期：2022年12月2日～2023年3月26日
地點：體驗王國MURASAKI MURA
費用：入園費大人1500円、國高中生700円、小學生600円、幼兒免費
官網 https://lantan.ryukyu/

名護夏日祭 名護夏まつり
日期：2023年7月29日、30日
地點：沖繩縣名護市城 名護漁港防波堤
費用：免費
官網：https://nagomun.or.jp/event/

離島節 離島フェア
日期：2023年1月19日～29日
地點：19～22日為伊亞斯沖繩豐崎，24～29日為Ryubo Store本島內的12間店鋪
費用：免費
官網：https://okinawa-ritoufair.jp/

沖繩全島哎薩祭 沖繩全島エイサーまつり
日期：2023年9月8日～10日
地點：8日為沖繩市胡屋十字路一帶，9～10日為沖繩市KOZA運動公園陸上競技場
費用：免費
官網：https://www.zentoeisa.com/

東村杜鵑花祭 東村つつじ祭り
日期：2023年3月1日～21日
地點：東村村民の森つつじ園
費用：高中生以上300円、國中生以下免費
官網：https://www.vill.higashi.okinawa.jp/soshikikarasagasu/kikakukankoka/gyomuannai/kikakuibento/1597.html

宜野灣羽衣祭 宜野灣はごろも祭り
日期：2023年9月30日、10月1日
地點：宜野灣海濱公園多目的廣場
費用：免費
官網：https://ginowan.info/events/

琉球海炎祭 琉球海炎祭
日期：2023年4月15日
地點：宜野灣海濱公園（宜野灣熱帶海灘）
費用：大人4500円、小學生以下兒童2000円（僅入場券，座位費另計）
官網：https://www.ryukyu-kaiensai.com/

沖繩產業祭 沖繩の産業まつり
日期：2023年10月27日～29日
地點：沖繩縣那霸市奧武山公園、縣立武道館
費用：免費
官網：https://sangyo-maturi.okinawa/

伊江島百合花祭 伊江島ゆり祭り
日期：2023年4月22日～5月7日
地點：伊江村Lily Field公園
費用：免費
官網：https://lilyboo2009.ti-da.net/

※每年舉辦的日期不盡相同，也有停辦的可能。建議在排定行程時再次上官網確認。

HOW TO GO TO OKINAWA
ACCESS GUIDE 交通指南
DEPARTURE
[首先要前往沖繩]

沖繩

不可不知！
Key Point

◆從臺灣到沖繩的交通方式以飛機為主。
◆決定旅行的日期後就要立刻預訂機票。有些班次在夏季會很快客滿。
◆想要自由活動就必須租車。夏季租車名額可能會額滿，要盡早預約。

臺灣直飛沖繩（那霸機場）的班機

航空公司	出發地點	需時 ⏱TIME	參考票價（單程） 💲PRICE	班數
中華航空	✈ 桃園	1小時35分	9,108	1天1班
長榮航空	✈ 桃園	1小時30分	9,062	1天2班
星宇航空	✈ 桃園	1小時35分	12,666	1天1班
台灣虎航	✈ 桃園	1小時30分	7,399	1天1班
樂桃	✈ 桃園	1小時45分	4,640~7,675	1天3班
全日空	✈ 桃園	1小時30分	13,166	1天1班
日本航空	✈ 桃園	1小時35分	12,704	1天1班
馬印航空	✈ 桃園	1小時20分	5,925	1天1班

CHECK!
需要事先知道的事項

從臺灣至沖繩的旅遊旺季大約集中在每年的4月至9月間，時間上允許的話，避開這段期間較有可能買到便宜的機票。各大航空公司也會不定期推出各種優惠活動或旅遊方案，有機會出現極低的破盤價，建議常常上官網或是各資訊網站確認。此外目前臺灣直飛沖繩的班機只有從桃園國際機場出發，未來可能新增從高雄小港機場出發的班次，但時期未定。

RESERVATION & CONTACT
✈ 航空公司洽詢專線

中華航空　　　☎412-9000
長榮航空　　　☎02-25011999
星宇航空　　　☎02-27911199
台灣虎航　　　☎02-77531088
樂桃　　　　　☎02-26563202
全日空　　　　☎02-25211989
日本航空　　　☎02-81777006
馬印航空　　　☎02-87705008

這裡記載的內容是2023年度的實際狀況。2024年度以後航班時刻表和票價可能會變更，請在出發之前核對。

HOW TO GO TO OKINAWA
ACCESS GUIDE　交通指南
ARRIVAL
[抵達沖繩後要怎麼走？]

\不可不知!/
Key Point

◆從機場前往國際通或首里城公園可搭Yui-Rail或巴士移動。
◆前往北部區域可搭高速巴士。
◆大範圍觀光最好要租車。

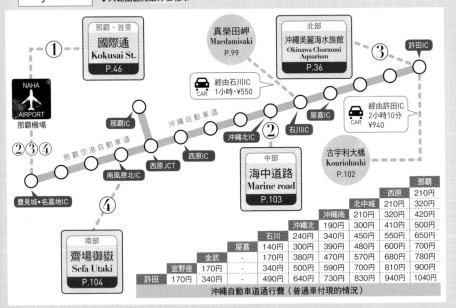

				那霸
			西原	210円
		北中城	210円	320円
	沖繩南	210円	320円	420円
沖繩北	190円	300円	410円	500円
石川	240円	340円	450円	550円	650円

那霸、首里
國際通
Kokusai St.
P.46

①

NAHA
AIRPORT
那霸機場

②③④

真榮田岬
Maedamisaki
P.99

北部
沖繩美麗海水族館
Okinawa Churaumi Aquarium
P.36

許田IC

③

經由石川IC
1小時・¥550

經由許田IC
2小時10分
¥940

那霸IC

沖繩自動車道

那霸空港自動車道

南風原北IC
西原JCT
西原IC

沖繩北IC
②
石川IC
屋嘉IC

豐見城・名嘉地IC

④

中部
海中道路
Marine road
P.103

古宇利大橋
Kouriohashi
P.102

南部
齋場御嶽
Sefa Utaki
P.104

						那霸
					西原	210円
				北中城	210円	320円
			沖繩南	210円	320円	420円
		沖繩北	190円	300円	410円	500円
	石川	240円	340円	450円	550円	650円
屋嘉	140円	300円	390円	480円	600円	700円
金武	-	170円	380円	470円	570円	680円	780円
宜野座	170円	-	340円	500円	590円	700円	810円	900円
許田	170円	340円	-	490円	640円	730円	830円	940円	1040円

沖繩自動車道通行費（普通車付現的情況）

前往國際通

① 那霸機場→國際通 AIRPORT→KOKUSAI St.

Yui-Rail　　　　　　13分・¥270
MONO RAIL
▶那霸空港站→〈Yui-Rail〉→縣庁前站
▶白天每10分一班

汽車（租車）　　　　　　15分
CAR
▶那霸機場→國際通

巴士（路線巴士）　　　23分・¥240
BUS
▶那霸機場國內線航廈→〈那霸巴士〉→松尾巴士站
▶白天每5～10分一班

⚠ ・前往國際通的西側入口，要在Yui-Rail縣庁前站下車，步行3分。
　・路線巴士也可在松尾1丁目、てんぷす前巴士站下車。

P.46

CHECK!
需要事先知道的事項

決定行程之後要事先預約租車。建議活用划算的網路預約折扣或早期預約折扣。旅遊旺季期間想要的車種可能會額滿，要盡早預約。報名旅遊方案者可事先加購租車。那霸機場內沒有租車營業所，要搭乘專用接送巴士移動到最近的營業所，辦理手續。詳情參見 **附錄P.23**

★ TRAVEL TIPS ★
FOR ARRIVAL

ABOUT YUI RAIL

那霸空港

這是從那霸空港站開到てだこ浦西站，全長17.0公里的沖繩都市單軌電車。班距約4～15分。詳情參見▶附錄P.24

- 13分 ¥270 ▶ 県庁前站
- 14分 ¥300 ▶ 美栄橋站
- 16分 ¥300 ▶ 牧志站
- 19分 ¥300 ▶ おもろまち站
- 27分 ¥340 ▶ 首里站
- 37分 ¥370 ▶ てだこ浦西站

ABOUT TAXI

計程車

那霸機場

沖繩計程車的費用比日本本土便宜，建議結伴共乘。起跳價（小型）為¥560。※費用以白天的計價結算。

- 15分 ¥1,400 ▶ 國際通
- 1小時 ¥9,000 ▶ 海中道路
- 2小時30分 ¥20,000 ▶ 沖繩美麗海水族館
- 40分 ¥6,000 ▶ 齋場御嶽

ABOUT AIRPORT BUS

機場利木津巴士

那霸機場

聯通那霸機場和度假飯店的直達巴士。共有6條路線，1天2～3班。非預約制，客滿要等下一班。

- 1小時36分 ¥1,530 ▶ 沖繩阿利比拉日航度假酒店
- 1小時6分 ¥1,530 ▶ 沖繩蒙特利水療度假酒店
- 1小時30分 ¥2,040 ▶ 沖麗客蘭尼沖繩
- 2小時48分 ¥2,550 ▶ Orion本部渡假SPA飯店

ABOUT TOURIST BUS

定期觀光巴士

從機場搭乘路線巴士移動到那霸巴士總站，再從巴士公司的乘車處出發。

A路線（那霸巴士）
首里城與沖繩世界
運行期間▶全年　所需時間▶7小時
費用▶¥5,500　出發時▶9:00
出發地▶那霸巴士定期觀光巴士乘車處

首里城公園→沖繩世界→和平祈念公園→姬百合之塔、姬百合和平祈念資料館→公路休息站いとまん

B路線（沖繩巴士）
沖繩美麗海水族館與今歸仁城跡
運行期間▶全年　所需時間▶10小時
費用▶¥6,900　出發時▶8:30
出發地▶沖繩巴士定期觀光巴士乘車處

萬座毛→海洋博公園・沖繩美麗海水族館→今歸仁城跡→名護鳳梨園

前往海中道路 P.103

② 那霸機場→海中道路 AIRPORT→MARINE ROAD

CAR 汽車（租車） 　　　1小時・¥410
▶那霸機場→豐見城、名嘉地IC→〈那霸空港自動車道、沖繩自動車道〉→沖繩北IC→海中道路西口

BUS 巴士（路線巴士） 　2小時10分・¥1,750
▶那霸機場國內線航廈→〈琉球巴士交通、沖繩巴士〉→那霸巴士總站→〈JA与那城〉→〈平安座綜合開發共乘巴士〉→あやはし館前
▶1天7班

⚠ ・路線巴士會開往Yui-Rail旭橋站附近的那霸巴士總站，要在JA与那城換車。

前往沖繩美麗海水族館 P.36

③ 那霸機場→沖繩美麗海水族館
AIRPORT→Okinawa Churaumi Aquarium

CAR 汽車（租車） 　2小時30分・¥940
▶那霸機場→豐見城、名嘉地IC→〈那霸空港自動車道、沖繩自動車道〉→許田IC→沖繩美麗海水族館

BUS 巴士（路線巴士） 　2小時15分・¥2,000
▶那霸機場國內線航廈→〈山原急行巴士〉→記念公園前
▶1天11班

⚠ ・也從那霸機場到記念公園前亦可搭機場利木津巴士（1天2班・¥2,550）
・豐見城、名嘉地IC～西原JCT為免費區間

前往齋場御嶽 P.104

④ 那霸機場→齋場御嶽 AIRPORT→SEFA UTAKI

CAR 汽車（租車） 　　　　40分
▶那霸機場→豐見城、名嘉地IC→〈那霸空港自動車道〉→南風原北IC→南城市地域物產館

BUS 巴士（路線巴士） 　1小時20分・¥1,090
▶那霸機場國內線航廈→〈琉球巴士交通、沖繩巴士〉→那霸巴士總站→〈東陽巴士〉→齋場御嶽入口
▶1天16班

⚠ ・開車去齋場御嶽時，要在南城市地域物產館停車，再走路前往（步行7分）

RESERVATION & CONTACT

巴士預約專線

Ⓡ RESERVATION…預約　　　Ⓒ CONTACT…洽詢

Ⓡ Ⓒ	那霸巴士（定期觀光巴士）	☎ 098-868-3750
Ⓡ Ⓒ	沖繩巴士（定期觀光巴士）	☎ 098-861-0083
Ⓒ	琉球巴士交通	☎ 098-851-4516
Ⓒ	沖繩巴士	☎ 098-861-0385
Ⓒ	那霸巴士	☎ 098-851-4517
Ⓒ	東陽巴士	☎ 098-947-1040
Ⓒ	平安座綜合開發共乘巴士	☎ 098-977-8205
Ⓒ	山原急行巴士	☎ 0980-56-5760

INDEX
沖繩
慶良間群島

●景點　●美食　●購物　●療癒　●體驗

Special Thanks

Thank you!

COLOR➕PLUS
【繽紛日本 01】

沖繩 慶良間群島

作者／昭文社媒體編輯部
翻譯／李友君
特約編輯／彭智敏
內頁排版／李筱琪
發行人／周元白
出版者／人人出版股份有限公司
地址／231028 新北市新店區寶橋路 235 巷 6 弄 6 號 7 樓
電話／(02)2918-3366（代表號）
傳真／(02)2914-0000
網址／www.jjp.com.tw
郵政劃撥帳號／16402311 人人出版股份有限公司
製版印刷／長城製版印刷股份有限公司
電話／(02)2918-3366（代表號）
香港經銷商／一代匯集
電話／（852）2783-8102
第一版第一刷／2023 年 09 月
定價／新台幣 380 元
港幣 127 元

國家圖書館出版品預行編目 (CIP) 資料

沖繩 慶良間群島 = Colorful wonderland,
Okinawa! / 昭文社媒體編輯部作 ; 李友君翻
譯. -- 第一版 . -- 新北市 : 人人出版股份有限
公司, 2023.09
　　面；　公分 . -- (繽紛日本 ; 1)

ISBN 978-986-461-344-1(平裝)

1.CST: 旅遊 2.CST: 日本沖繩縣
731.7889　　　　　　　　112011371

See you next trip!

■ 本書使用注意事項

●本書刊載的內容為2022年6～8月時的資訊，有可能已經變更，使用時請事先確認。各種費用也有因稅率調整而變更的可能性，因此有部分設施標示的費用為未稅金額。另外，各設施為因應新冠肺炎疫情，營業日、營業時間、開幕日期，以及大眾運輸系統的運行等預定皆有可能更改，出發前請務必在各活動或設施的官網，以及各地方單位的網站上確認最新消息。因本書刊載的內容而產生的各種糾紛或損失，敝公司無法做出補償，敬請諒察之後再利用本書。
●由於電話號碼是各設施洽詢用的號碼，有可能非當地號碼。在使用導航等搜尋位置時，有可能出現與實際不同的地點，敬請留意。
●公休日僅寫出固定的休息日，未包括臨時休業、盂蘭盆節及新年假期。
●開館時間及營業時間基本上為入館截止時間或最後點餐時間。
●在費用的標示上，入場費等基本上為大人的金額。
●交通方式為主要前往方式及估計的所需時間。使用IC卡時運費及費用有可能不同。
●停車場未區分免費或收費，有停車場時會以車位數表示。
●關於本書中的地圖
　測量法に基づく国土地理院長承認（使用）R 4JHs 19-136350　R 4JHs 20-136350　R 4JHs 21-136350　R 4JHs 23-136350

※本書若有缺頁或裝訂錯誤可進行更換。未經許可禁止轉載、複製。

My Schedule

— 難得來玩就要盡情享受 —

DAY 3

Destination

Transportation
✈ 🚆 🚌 🚗

AM
：　Breakfast/

PM
：　Lunch/

NIGHT
：　Dinner/

Back home ✈ 🚆 🚌 🚗

DAY 2

Destination

Transportation
✈ 🚆 🚌 🚗

AM
：　Breakfast/

PM
：　Lunch/

NIGHT
：　Dinner/

STAY

DAY 1

Destination

Transportation
✈ 🚆 🚌 🚗

Let's go ✈ 🚆 🚌 🚗

PM
：　Lunch/

NIGHT
：　Dinner/

STAY

Memory ｜ 記下旅途回憶

....

....

....

....

Enjoy your trip!

My Baggage

－ 走吧，出門旅遊去 －

In Bag

- ☐ 錢包　　有帶日幣嗎？
- ☐ 票券
- ☐ 手帕／面紙
- ☐ 筆記本／筆
- ☐ 旅行指南
- ☐ 藥
- ☐ 雨具
- ☐ 護照

Clothes

- ☐ 　　　　／
- ☐ 　　　　／
- ☐ 內衣褲
- ☐ 襪子
- ☐ 毛巾
- ☐ 睡衣　　有帶暖暖包嗎？
- ☐ 泳衣／禦寒衣物及用品
- ☐ 驅蟲劑

Toiletries

- ☐ 化妝包
- ☐ 洗髮精／護髮乳
- ☐ 沐浴乳
- ☐ 洗面乳／卸妝用品
- ☐ 牙刷
- ☐ 隱形眼鏡／清潔液　　有帶眼鏡嗎？
- ☐ 生理期用品

Gadget

- ☐ 手機
- ☐ 相機　　有帶記憶卡嗎？
- ☐ 充電器／備用電池
- ☐
- ☐
- ☐

Must To Do

－ 難得來玩就不要錯過 －

GO
想去的地方！

- ☐
- ☐
- ☐
- ☐
- ☐
- ☐

EAT
要吃的美食！

- ☐
- ☐
- ☐
- ☐
- ☐
- ☐

DO
必做的事情！

- ☐
- ☐
- ☐
- ☐
- ☐
- ☐
- ☐
- ☐
- ☐

PHOTO
想拍的照片！

- ☐
- ☐
- ☐
- ☐
- ☐
- ☐

BUY
要買的東西！

- ☐
- ☐
- ☐
- ☐
- ☐
- ☐

什麼都不做也很好！

☐ Do Nothing

Enjoy your trip!

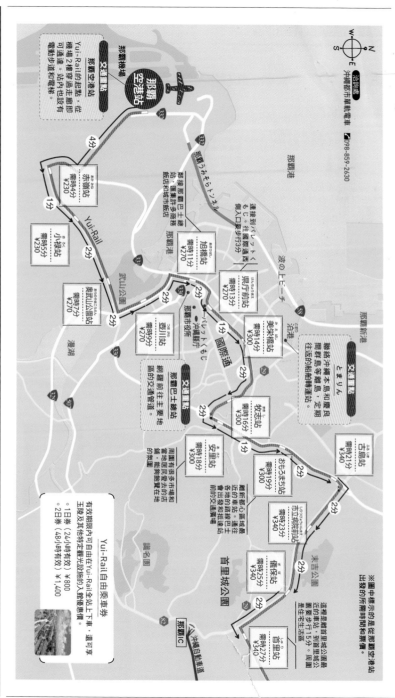

租車兜風自由觀光

最能自由在沖繩觀光的方法是租車。要核對大概的移動距離、時間及沖繩特有的駕駛注意事項，享受充實的兜風觀光之旅！

租車的方法

① 抵達機場了！首先要
前往租車接送車輛乘車處
預約好租車的遊客要從入境大廳離開機場，穿過路道，前往步道中央附近的租車接送車輛乘車處。尚未預約者要到1樓入境大廳的租車服務處洽詢。

② 與租車公司的人員會合
搭接送車輛前往營業所
向預約的租車公司人員報上預約者姓名，對方就會帶遊客搭接送車輛。搭接送車輛到最近的營業所需時10分到20分，機場內不能交車。

③ 抵達營業所後前往受理櫃臺
辦理租車手續
出示行車駕照，並在文件上填寫必要資料。核對還車時間和地點，支付費用。要仔細詢問基本的補償和免責補償制度。使用沖繩自動車道時也要攜帶ETC卡。

④ 完成手續後交車
檢查車輛外傷和掌握機器的用法
跟工作人員一起繞著車子的周圍走，檢查外傷後，就在表單上簽名核實。導航和ETC的用法也要問清。

⑤ 總算要
出發去兜風了！

安全駕駛
觀光去～

歸還租車的方法

① 還車之前
要加滿汽油
還車時規定要加滿汽油。要事先查詢還車營業所附近的加油站地點。

② 為了趕上班機時間
要盡早歸還
那霸機場周圍的道路經常塞車，旅遊旺季機場內的行李檢查也會大排長龍，要預留多餘時間盡早還車。

③ 檢查車況後
搭接送車輛前往機場
檢查車輛外傷，辦妥還車手續後，租車公司的人員就會開接送車輛送遊客到機場。

前往觀光地的交通方式

古宇利大橋
機場96km／約2小時10分
許田 22km／約40分

今歸仁城跡

沖繩美麗海水族館
機場101km／約2小時30分
許田IC 27km／約1小時

許田IC

宜野座IC

金武IC

海中道路(海中道路西口)
機場53km／約1小時
沖繩北IC 13km／約25分

石川IC

屋嘉IC

やちむんの里

沖繩北IC

勝連城跡

沖繩南IC

首里城公園
機場10km／約30分
那霸IC 2km／約10分

北中城IC

齋場御嶽
機場27km／約40分
南風原北IC 16km／約35分

國際通
第一牧志公設市場
壺屋陶瓷器街

西原IC

西原Jct.

儀來橋
河內橋

那霸機場
豐見城·名嘉地IC

那霸IC

南風原北IC

南風原南IC

那霸空港自動車道

喜屋武岬

沖繩駕駛注意事項

⚑ **注意** 巴士以外禁止進入！

有這個標誌的道路是巴士專用道路，開車時要留意標誌

有巴士專用車道和巴士專用道路！
國道58號、國際通和其他交通量大的區域，會在規定時間內進行交通管制，優先讓巴士和計程車行駛。管制時段包含出租車在內的一般車輛不可通行。

➡圖為巴士專用車道。這種情況表示禁止一般車輛在7時30分～9時通行

⚑ **注意** 中央分隔線會移動？

標誌在頭頂上，箭頭所指的線就是中央分隔線

中央分隔線的位置會隨時段而改變！
那霸市內的縣道29號和其他車道少容易堵塞的道路，會在規定時段變更中央分隔線的位置。有專用的號誌燈和標誌，小心不要漏看。

➡×印字燈亮的車道禁止通行

盤點機場伴手禮

2樓出境大廳店鋪林立，伴手禮也引人注目。

**（150ml）
¥648**

勝山香檬汁

名護市勝山產香檬的
100%果汁，能夠凸
顯烤魚和其他料理的
滋味。

╲╲這裡買得到╱╱
わしたショップ

Be的費南雪蛋糕

運用紅地瓜風味烤出溼
潤的費南雪蛋糕。

**（10個裝）
¥1,188**

╲╲這裡買得到╱╱
RYUBO琉貿百貨公司

**（4個裝）
¥594**

沖繩 島嶼果實之雫

含有香檬果醬的瑪德
蓮蛋糕。4個裝的包
裝也是檸檬造型。

╲╲這裡買得到╱╱
RYUBO琉貿百貨公司

**（15片裝）
¥864**

沖繩島
辣椒仙貝

揉進島嶼辣椒的仙
貝。餘味辛辣，也適
合當零嘴。

╲╲這裡買得到╱╱
RYUBO琉貿百貨公司

**（180g）
¥432**

伊江島 媽媽自豪的墨
魚雜炊飯素

只需跟米一起煮，沖繩風墨
魚雜炊飯就完成了。

╲╲這裡買得到╱╱
わしたショップ

犬用
紅地瓜塔風味餅乾

看家的寵物也要伴手
禮。這是含有雞粉的
紅地瓜餅乾。

╲╲這裡買得到╱╱
御菓子御殿

紅地瓜生起司蛋糕
Shuri

以旗下產品「FESTIVALO
LOVELY」（地瓜口味）為
基底疊上一層紅地瓜，口
感溫和甘甜而溼潤。

╲╲這裡買得到╱╱
BLUE SKY 出發ロビー1号店

**（30g）
¥330**

**（5個裝）
¥970
（10個裝）
¥1,940**

2樓出境大廳樓層地圖

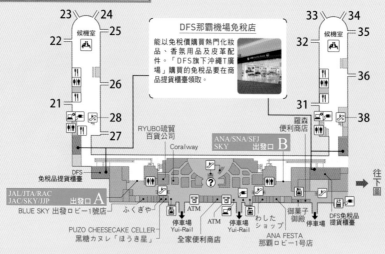

DFS那霸機場免稅店

能以免稅價購買熱門化妝品、香氛用品及皮革配件。「DFS旗下沖繩T廣場」購買的免稅品要在商品提貨櫃臺領取。

23 24
22 候機室 25
21 26 28 27

33 34
32 候機室 35
36 31 38

RYUBO琉貿百貨公司
Coralway

ANA/SNA/SFJ
SKY   出發口 B

羅森便利商店

DFS
免稅品提貨櫃臺

往下圖

JAL/JTA/RAC
JAC/SKY/JJP   出發口 A
BLUE SKY 出發ロビー1號店

ふくぎや

ATM
停車場 Yui-Rail
ATM
停車場 Yui-Rail

わしたショップ

御菓子御殿

ANA FESTA
那霸ロビー1号店

DFS免稅品提貨櫃臺

PUZO CHEESECAKE CELLER
黑糖カヌレ「ほうき星」

全家便利商店

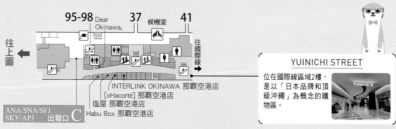

95-98 Dear Okinawa,
37 候機室 41

往上圖

往國際線

YUINICHI STREET

位在國際線區域2樓，是以「日本品牌和頂級沖繩」為概念的購物區。

INTERLINK OKINAWA 那霸空港店
[oHacorté] 那霸空港店
塩屋 那霸空港店
Habu Box 那霸空港店

ANA/SNA/SFJ
SKY/APJ   出發口 C

餐廳樓層介紹

在機場就能享用沖繩美食！

位在1樓內側

1F
くうこうしょくどう
機場食堂

為機場職員開設的食堂，也開放一般人用餐，菜單項目豐富。店內採用餐券和自助形式，也可以外帶。

☎ 098-840-1140　🗓 無休　🕐 10:00〜19:30

⬆苦瓜雜炒¥650

3F
エイアンドダブリュくうこうてん
A&W空港店

生於美國，長於沖繩的速食餐點在機場也可享用。漢堡以外的菜色種類也很豐富，從早上就開始營業。

☎ 098-857-1691　🗓 無休　🕐 6:30〜20:00

⬆莫札瑞拉起司堡＋超級炸薯條(S)
套餐¥1,130

4F
りゅうきゅうむら
琉球村

沖繩麵附雜炊飯和小菜的排骨麵定食為¥1,280。另外像冰涼的琉麵及其他以沖繩麵為中心的菜色也一應俱全。

☎ 098-840-1201　🗓 無休　🕐 9:30〜20:00

⬆排骨麵¥880

P.23 安良波海灘

安良波公園

CHATAN
北谷町

米軍施設
キャンプ瑞慶覧

北前

嘉手納
普天満宮IC

喜舍場スマートIC

只往返那霸方向的入口，
有車種及時間限制

第一安谷屋

安谷屋

石平

北中城IC

KITANAKAGUSUKU
北中城村

渡口

みどり公園

県総合
運動公園

北中城高

奥武岬

JA

オートキャンプ場

和仁屋

熱田(南)

沖縄南IC

村役場

伊佐(北)

普天間

伊佐浜

サンシーマ

58

58

海浜
公園

ラグナガーデン

サンエー・
サンエー

宜野湾嘉手納バイパス

58

宜野湾

浦添・宜野湾高

大山

真志喜(北)

大山貝塚
市立博物館

GINOWAN
宜野湾市

米軍施設
普天間飛行場

真志喜(北)

宜野湾自動車学校

大御森

北谷良川

RuLer's TACORiCE P.98

Spicalily P.120

沖縄カトリック
高・中・小

宜野湾
市役所

上原

中原

PLOUGHMAN'S LUNCH BAKERY P.81

中村家

大西テラス
ゴルフクラブ

SANS SOUCI P.76

中城跡

NAKAGUSUKU
中城村

329

久場

331

泊

縣內城跡中保存狀態
最好的世界遺產「
中城城跡」

オーシャン・キャッスル
カントリークラブ

伊佐

ユニオン

サンエー

安谷屋

野嵩

普天間(南)

中城自動車道

中城PA

公園入口

漆石

泊

屋宜

当間

中城村役場

吉の浦公園

中城浜漁港

宜榮原

沖縄国際大

長田

JA

有機農産物
ばるず
P.147

新垣

Yanbaru Gelato本店

P.72

広栄

我如古(南)

かねひで

JA

中部商高

JA

沖縄病院

琉球大
千原キャンパス

南上原

那覇北中城線

奥間

中城湾

パークレーンズ
コート

浦添和田

サンエー

西原IC

上原

てだこ
浦西

西原高

西原入口

琉球大

西原グリーン
ゴルフ

プリマ

城 紅型染工房 P.117

曽川
甘生園

アドベンチスト
メディカルセンター

嘉長

呉屋

サンエー

西原町役場

沖縄キリスト
教学院大

短沖縄
キリスト
教大

NISHIHARA
西原町

内間

西原浄水場

小那覇工業団地

交通量大，行車卻比
較方便的幹線道路

小那覇

西原浄化センター

沖縄
カントリークラブ

西原Jct

國覇空港道～那覇IC間
禁止通行

南風原ダム

YONABARU
与那原町

506

南風原北IC

我謝

東崎公園

イルカ公園

兼久

329

西原マリンパーク
きらきらビーチ

沖縄女子短大・
マリンタウン

白原

与那原

イオン

宮平

与那原

329

上与那原

与那原町役場

知念高

板良敷

國道交岔口容易塞車

与那原町

那覇空港自動車道

南風原知念線

大里内ので公園

黄金森
公園

大里公園

1側2車道，交通量大

331

当添漁港

沖縄メディカル病院

ビ・ビッグ

海野漁港

漁協

知名崎
久高海運
(安座真～久高)

あざま
サンサン
ビーチ

331

津波古

NANJO
南城市

イオンタウン

JA

津波古(南)

新里

新里坂

馬天港

英魂之塔

須久名山

守礼カントリークラブ

市営新開球場

冨祖崎公園

P.104 齋場御嶽

P.149 Doucatty

C

P.121 Island Aroma

P.105 南城市地域物產館

D

7

白色燈塔屹立，遼闊景觀生機盎然的「殘波公園」

P.132 沖縄蒙特利水療度假酒店

リザンシーパーク谷茶ベイ
シェラトン
サンマリーナリゾート

恩納村
ONNA

タイガービーチ
ホテルムーンビーチ

PGM
ゴルフリゾート
沖縄

屋嘉IC
只有往那覇方向的入口和來自那覇方向的出口

石川岳

P.93 ISLAND CLUB
P.99 真榮田岬
P.92 Marine Club Nagi
真榮田漁港

P.90 月亮海灘
BLUE OCEAN P.93

プリンススマージュ
恩納マリンビューパレス

仲泊
仲泊

SEA SIDE DRIVE-IN P.85

屋嘉漁港
屋嘉

P.91 萬座海灘
ルネッサンスリゾート オキナワ
おんなの駅店
なかゆくい市場

P.66
石川IC

P.72 琉冰 おんなの駅店
山田

石川ダム
石川公園

栄料理店 P.66

石川石炭火力

赤崎
石川石炭火力

残波岬
残波岬灯台
沖縄残波岬ロイヤル
残波ゴルフクラブ
残波ビーチ

ベストウェスタン

琉球村

CAFE GOZZA P.99

329
58

331
石川公園

金武湾港

御菓子御殿 読谷本店 P.118
烏扎露臺海灘倶樂部別墅 P.128
陶器工房 壹 P.116

琉球村 P.62・97

特養ホーム楽寿園

ビオスの丘
沖縄ロイヤルゴルフクラブ

伊波

伊波城跡

ココ ガーデンリゾート オキナワ

COCO SPA P.126

ニライ
ビーチ
Gala青い海
むら咲むら

ホテル日航アリビラ
セーラの森公園

P.125 やちむんの里

高志保

親志

榮用窯 P.17

米軍施設
嘉手納弾薬庫

山城ダム

東恩納(南)

嘉陽原米軍貯油施設
ゴルフクラブ

いずみ病院

大当

58

サンマー
喜名

道の駅喜名番所

沖縄自動車道

展望タワー
倉敷ダム
ダム広場

倉敷環境

うるま
記念病院

米軍施設
キャンプマクトリアス

兼箇段城跡

URUMA
うるま市

モリマー
リゾートホテル

都屋漁港

読谷村
YOMITAN

読谷村役場
JA

座喜味城跡公園

金月そば 読谷店 P.33

伊良皆

OKINAWA
沖縄市

東南植物楽園

沖縄IC

329
331

栄野比

後原

天願川

安慶名城跡

池原

中頭病院

平良川

マックスバリュ

P.77 Okinawa Gelato
& Cafe ISOLA
P.116 シマシマポタリ

米軍施設
トリイステーション

サンマート

大湾城跡公園
伊良皆

大湾シティ
比謝

JA

58

比謝川

嘉手納
嘉手納漁港

米軍施設
キャンプシールズ

米国陸軍施設

登川

中央病院

知花

明道公園・美里公園

名城病院
中部病院
美里団地

赤道

喜屋武

嘉利吉
宮里
JA

喜屋武
宮里公園

喜屋武

P.121 FROMO

道の駅かでな

KADENA
嘉手納町

兼久

道路兩旁是美軍設施、椰子樹增添南國氣息

兼久海浜公園

兼久

58

米軍施設
嘉手納飛行場

嘉手納
米軍施設
嘉手納飛行場

嘉手納町役場

池武当

池武当東

里団地

美里

コザ十字路

コザ
美東工場
八重島公園

ボーリング
センター

江洲中原

江洲

沖縄南IC

コザ・ミュージックタウン
コザ

島袋

P.86 Urumarché
市場

照屋
イオン

前原

P.80
GOOD DAY COFFEE

胡屋東

新里病院

P.82 GORDIE'S
P.84
Emerald Ocean Side

砂辺馬場公園
砂辺(南)
オーシャンフロント
国体道路入口

闘牛場
コザ

沖縄市役所

山里

沖縄こどもの国

胡屋

高原

照屋

カトリック
教会

海邦公園

美里工高泡瀬漁港

高原(南)

沖縄マリーナ

泡瀬通信施設

P.73 かんなplus
P.149 fabric

浜川漁港

ESPARZA'S
TACOS and COFFEE P.83

伊平

北谷町役場

桃原公園

コザ観光
島袋

泡瀬

美浜アメリカンビレッジ

CHATAN
北谷町

美浜
桑江

JA

Urumarché
市場

P.133 沖縄海灘瑜珈(集合地點)
P.23 日落海灘
P.23 安良波海灘

北谷(南)
北谷

香津味スマートIC
北谷

嘉手苅
瑞慶覧

330

グランメールリゾート

NAKAGUSUKU
北中城村

比屋根
比屋根(南)

暮らしの発酵STORE P.149

EMウェルネス
暮らしの発酵ライフスタイルリゾート
県総合 奥武山
運動公園

伊佐(北)
伊佐浜

北前
北谷

第一安谷屋

北谷

伊佐

只有往那覇方向的入口、有里程及時間限制

普天満宮

中城村役場

和仁屋

熱田(南)

PLOUGHMAN'S LUNCH BAKERY P.81

SANS SOUCI P.76

宜野湾漁港

58

ラグナガーデン
熱帯海濱

伊佐
伊佐浜

サンフィーマ
普天間(南)

野嵩

中村家

中城城跡

NAKAGUSUKU
中城村

329
331

久場

牧港

宜野湾市
GINOWAN

JA

上原
宜野湾
市役所
中原

中城PA

西原IC

沖縄自動車道
普天満飛行場

中頭
西原

添石
公園入口

P.98 宜野湾
熱帯海濱

空寿崎

58

8

A

B

伊芸SA

KIN
金武町 金武IC 金武

宜野座IC

金武ダム

米軍施設
キャンプハンセン
金武町役場

ベースボール
スタジアム

伊芸区
グラウンド

想要在伊芸SA停車，
飽覽絕景

町営グラウンド
マックスバリュ
329

JA

金武大川

漢蒜營慶典 P.144

P.83 GATE1

道路兩旁綿延椰子樹
的南國風景

米軍施設
ブルービーチ訓練場

英文招牌繁多，街景
充滿異國風情

金武岬

AJリゾートアイランド

米軍施設
キャンプコートニー

P.103 伊計島

天願城跡

金武湾

伊計ビーチ
伊計大橋

天願

中原遺跡

N高

うるま市役所
田場
前原高

具志川火力

野鳥の森
自然公園

西ノ岩

トンナハビーチ

伊計港

ザ・ビッグ

池味漁港

白城跡

サンエー

位在廠區內的「果報
崖」是秘境絕景勝地

宮城島

宮城島 P.103

金武湾入口

具志川ビーチ

沖縄石油基地

P.103 Nuchi Masu Salt Factory

呉志川運動公園
総合体育館

公民館

豊原

川田入口

川田

平安座島

平安座島 P.103

へんざ

与那城具志川線

平安

所高橋

与那原具志川線

勝連団地
勝連城跡

(整備中)

海中道路西口
陸上競技場

P.103
濱比嘉大橋

該處有停車位，從這
裡看過去的濱比嘉大
橋很美

南風原漁港

与勝

JA

屋慶名西

海中道路 P.103

海中道路じ子

浜漁港

海のギャラリーかいのわ・
空とコーヒーうきぐも P.103

P.103 BOULANGERIE CAFE Yamashita

屋慶名(東)

勝連総合グラウンド

ぽっともっと

勝連半島

JA

与那城

与勝高

藪地島

薮地大橋

停車位以外的地方嚴
禁停車

濱比嘉島

浜比嘉島リゾート

濱比嘉島 P.103

古民家食堂 てぃーらぶい P.75

平敷屋

世界遺産「勝連城
跡」位在向太平洋突
出的勝連半島上

平敷屋漁港

米軍施設

浮原島

カンナ崎

ゴンジャン岩

アギナミ島

岬谷観光

南浮原島

0   2km

CHUBU
中部
周邊圖 » P.2

C   D

9

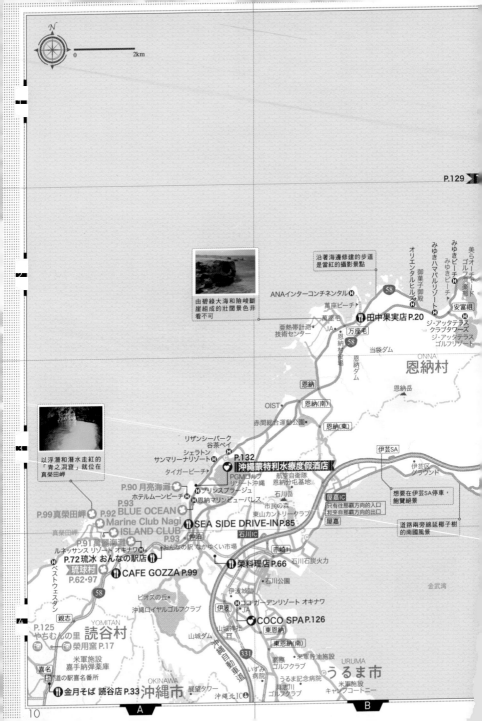

N
0　　　2km

P.129

由碧綠大海和險峻斷
崖組成的壯闊景色非
看不可

沿著海邊修建的步道
是當紅的攝影景點

みゆきハマバルリゾート
みゆきハマバルビーチ▶
美らオーチャード
ゴルフ倶楽部
御菓子御殿
オリエンタルヒルズ

ANAインターコンチネンタル H

萬座ビーチ▶
萬座毛

亜熱帯総合
技術センター

ジ・アッタテラス
クラブタワーズ
ジ・アッタテラス
ゴルフリゾート

安富祖

🍴田中果実店 P.20

JA　万座毛

恩納村民ビーチ▶

当装ダム

恩納ダム

恩納

ONNA
恩納村

恩納岳

OIST

恩納(南)

赤間総合運動公園

恩納(東)

伊芸SA

想要在伊芸SA停車，
飽覽絕景

伊芸区
グラウンド

リザンシーパーク
谷茶ベイ
シェラトン
サンマリーナリゾート H

P.132

🍴沖縄蒙特利水療度假酒店 P.85

以浮潛和潛水走紅的
「青之洞窟」就位在
真榮田岬

タイガービーチ▶

PGMゴルフ
リゾート沖縄

航空自衛隊
恩納分屯基地

道路兩旁綿延椰子樹
的南國風情

P.90 月亮海灘
ホテルムーンビーチ H
P.93
P.99真榮田岬　P.92 BLUE OCEAN
Marine Club Nagi
ISLAND CLUB

プリンスプラージュ
H恩納マリンビューパレス

石川岳

市民の森
東山カントリークラブ

屋嘉IC

屋嘉

只有往那覇方向的入口
和來自那覇方向的出口

真榮田岬

🍴SEA SIDE DRIVE-IN P.85

沖泊

石川IC

P.93

石川

P.91萬座海灘
ルネッサンス リゾート オキナワ
P.72琉冰 おんなの駅店
おんなの駅 なかゆくい市場

赤崎

石川石炭火力

🍴CAFE GOZZA P.99
琉球村
P.62・97

🍴榮料理店 P.66

石川公園

金武湾

ビオスの丘
沖縄ロイヤルゴルフクラブ

ベストウェスタン

58

親志

P.125
やちむんの里

ココ ガーデンリゾート オキナワ
伊波
JA

伊波城跡

COCO SPA P.126

うるま市
URUMA

YOMITAN
読谷村　榮用窯 P.17

山城城跡

東恩納

米軍施設
嘉手納弾薬庫

山城ダム

東恩納(南)

喜名
道の駅喜名番所

331

霧原
ゴルフクラブ

米軍貯油施設

うるま記念病院

米軍施設
キャンプコートニー

🍴金月そば 読谷店 P.33 沖縄市

OKINAWA

いずみ
病院

貝志川
ゴルフクラブ

沖縄北IC

展望タワー

A

B

有能夠看到水深5公尺海裡的海中展望塔和玻璃底船

備受觀光客喜愛的公路休息站，不但有特產，還能吃到塔可飯和其他沖繩美食

部瀬名海中公園

THE BUSENA TERRACE

万国津梁館

かりゆしビーチ

しまんちゅクラブ

Mission海灘 P.88

安富祖(北)

嘉真丸

森林科学館
県民の森

ベストウェスタン

喜瀬

ビーチパレス

オリエンタル

ザ・リッツ・カールトン沖縄

かりゆしビーチリゾート・オーシャンスパ

喜瀬カントリークラブ

沖繩島麗思卡爾頓水療中心 P.127

沖縄サンコースト

許田IC

許田ゴルフクラブ

卍平安寺

公民館

福地川

許田

名護城跡

城1

名護岳

東江4(北)

東江4

世富慶

世富慶IC

ひがし食堂 P.72

名護滝

世冨慶IC

新数久田橋

58

数久田

数久田IC

公路休息站許田

NAGO

名護市

せせらぎの里

番越トンネル

東江川原トンネル

雨志川原トンネル

大瀬川

大川1号橋

329

大瀬橋

二見の里

二見大橋

二見(北)

331

野古岳

観光闘牛場

石岳

久志岳

久志

329

沖縄自動車道

331

潟原ダム

329

松田(北)

邊野古

邊野古(西)

沖縄工高專

久志(北)

ゴルフガーデン

卍観音堂

久志橋

331

みらい2号館

米軍施設
夏野古弾薬庫

米軍施設
キャンプシュワブ

交通量少，可以順暢行駛

大川ダム

錦川ダム

GINOZA

宜野座村

宜野座ダム

宜野座カントリークラブ

JA教習研究所

サーバーファーム

湖畔公園

かんな湖

漢那ダム

宜野座IC

KIN

金武町

漢那ヨリアゲの森
緑化公園

漢那荘

漢那ビーチ

漢那漁港

漢那松田線

宜野座村
総合運動公園

国際交流村

宜野座大橋

JA

かんな病院

嘉瀬武原ダム

331

道の駅ぎのざ

ベースボール
スタジアム

金武ダム

金武

金武町役場

金武

金武IC

金武IC

琉球病院

マックスバリュ
かねひで

329

GATE 1 P.83

金武大川

嘉森鼓慶典 P.144

米軍施設
ブルービーチ訓練場

金武岬

英文招牌繁多，街景充滿異國風情

町內各處都有湧泉，其中這裡規模最大，稱為「長壽之泉」

AJリゾートアイランド

伊計島

伊計島 P.103

米軍施設
キャンプハンセン

11

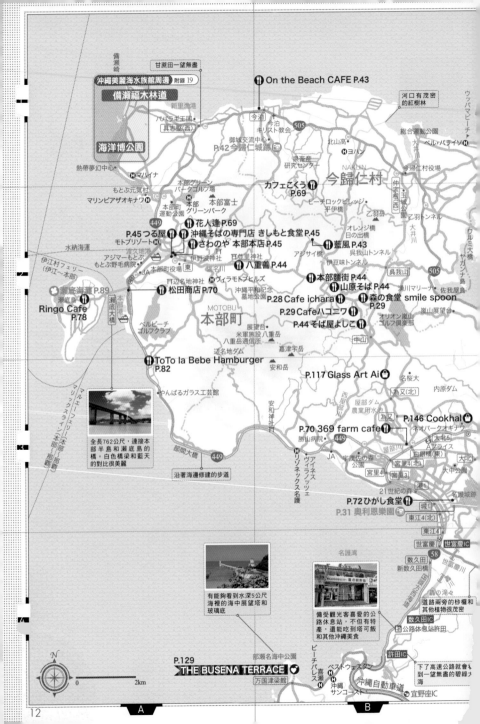

環島一圈的古宇利一周線。10分鐘左右即可繞行一圈

トケイ浜

H カヴァ

⑪ 古宇利家 P.102

⑪ 古宇利島 P.102

古宇利海洋塔

伊平屋村フェリー（伊是名・運天）

伊平屋村（伊是名・運天）

⑪ KOURI SHRIMP P.26

古宇利ビーチ

古宇利漁港

轟立在島嶼高臺的白塔。既是蒐集貝類的展覽館，也有能夠觀賞全景的瞭望層（需付費）

暢快的海濱公路

大宜味村役場

サザマ石

辺土名高

JA

農作物集荷施設

ネクマチヂ岳

塩屋富士

沖縄電力

結橋

塩屋港

塩屋橋

OGIMI

大宜味村

宮城島

宮城農村公園

宮城橋

塩屋湾

大保大橋

半崎トンネル

大保農村公園

⑪ 古宇利大橋 P.102

架設在碧綠大海上的橋梁

沖縄栽培漁業センター

蓮池港

⑪ CALiN P.79

屋我地島

道の駅おおぎみ

津波農村公園

夫振岩

平南橋

シークヮーサーパーク

アザカ滝

大宜味農場

江州農村公園

沖縄産業開発青年隊訓練所

甘蔗田和鳳梨田一望無盡

屋我地ビーチ

屋我地大橋

羽地内海

集落センター

奥武島

羽地奥武橋

真喜屋橋

衛生センター

ファインフルーツおきなわ

58

瀬河宮

紅樹林一望無盡

稲嶺

真喜屋（東）

津波山

宇橋山

HIGASHI

東村

又吉コーヒー園

⑪ 呉我

卍仏心寺

中尾

仲尾次漁港

仲尾次（北）

公民館

公民館

川上（北）

真喜屋ダム

伊差川（西）

仲尾次

川上農村公園

川上

田井等

羽地ダム

ダム資料館

伊差川IC

タクジトンネル

またきな大橋

野球場

多野岳

またきな大橋

ふれあいヒルギ公園

はんだゴルフ

慶佐次漁港

⑪ サンライジング

有津橋

331

せせらぎの里

雨志川原トンネル

東江原トンネル

番越トンネル

大川1号橋

NAGO

名護市

名護岳

名護東道路

往古宇利島和國頭方向走名護東道路既迅速又舒適

一ツ岳

ヒューマンキャンパス高三原地区会館

ゲーヤー川

ゲーヤー

底仁屋地区会館

中山林業生産企業組合

天仁屋地区会館

バン崎

名護学院

汀間地区会館

カヌチャゴルフコース

H カヌチャベイ

嘉陽地区会館

329

大浦橋

潮瀬橋

汀間漁港

331

二見大橋

331

二見の里

二見（北）

観光闘牛場

安部ダム

安部地区会館

ギミ崎

安部崎

安部オール島

野古岳

久志岳

329

331

米軍施設辺野古弾薬庫

大浦湾

C

D

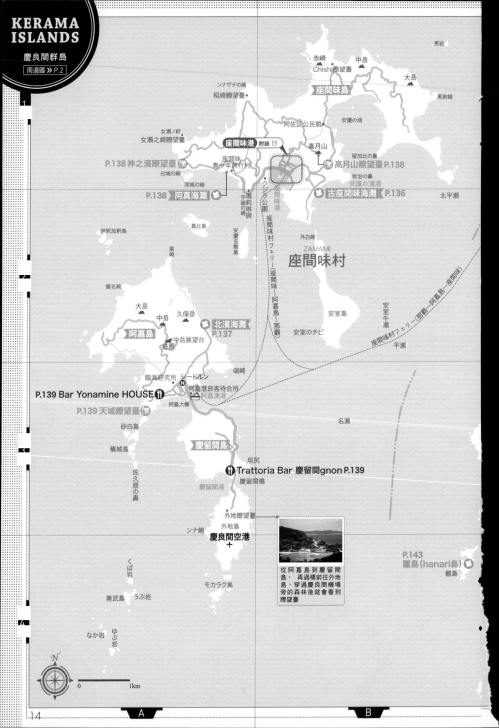

1

男岩

赤崎
Chishi瞭望臺　中岳

座間味島

大岳

黑前崎

ンナザチの崎
稻崎瞭望臺 •

阿佐區公民館　　安護の浦

女瀨ノ崎
女瀨之崎瞭望臺

座間味港 附錄 15

座間味
青少年旅行村

P.138 神之濱瞭望臺

白城の崎

留加比の鼻
高月山

高月山瞭望臺 P.138

牧治の鼻

深谷の崎

安護の浦港

P.138 阿真海灘

クシラ公園

宇論の崎

慈莉珠碑

北平瀨

古座間味海灘 P.136

伊釋加釋島

嘉比島

外白崎

安慶名敷島

黑崎

座間味村フェリー(座間味～阿嘉島～那霸)

ZAMAMI

座間味村

儀名崎

大岳

中岳　久保岳

阿嘉島

中岳展望台

北濱海灘
P.137

座間味～阿嘉島～那霸

安室島

安室牛瀨

安室のチビ

座間味村フェリー(照霸～阿嘉島～座間味)

平瀨

垣原

臨海研究所　シードルン

端崎

名瀨

P.139 Bar Yonamine HOUSE

阿嘉港旅客待合所
阿嘉漁港

P.139 天城瞭望臺

阿嘉大橋

砂白島

積城島

慶留間島

佐久原の鼻

垣尻

Trattoria Bar 慶留間gnon P.139

慶留間港　慶留間橋

外地瞭望臺

ンナ崎

外地島

慶良間空港

P.143
離島(hanari島)

離島

くば岩

從阿嘉島到慶留間島，再過橋前往外地島，穿過慶良間機場旁的森林後就會看到瞭望臺

奧武島　うぶ岩

モカラク島

なか岩　ゆぶ岩

N

0　　　　1km

從沖繩本島到慶良間群島

這時可從那霸泊港搭乘高速船和渡輪。要注意兩者的乘船地點不同，高速船在北岸，渡輪在南岸。旺季可能會因為客滿而無法上船，要電話預約才保險。

| 那霸泊港 | 座間味渡輪 單程 🕐1小時30分或2小時 💰2150円 🚢1天1班 | → | 座間味港・阿嘉港 |
| | 高速船座間味皇后號 單程 🕐50分（直航） 💰3200円 🚢1天2～3班 | → | |

☎ 098-868-4567（座間味村那霸出張所）

| 那霸泊港 | 渡嘉敷渡輪 單程 🕐1小時10分 💰1690円 🚢1天1班 | → | 渡嘉敷港 |
| | 高速船渡嘉敷Marine Liner號 單程 🕐35分 💰2530円 🚢1天2～3班 | → | |

※單程票價外需另計環境協力稅100円

☎ 098-868-7541（渡嘉敷村那霸連絡事務所）

ZAMAMI-KŌ
座間味港
周邊圖 ≫ 左圖

Kerama Kayak Center P.137
座間味中・小
座間味村公所
Cafe & Bar かふーし堂 P.138
ZAMAMI
◎座間味村
P.138
LITTLE KITCHEN
P.137
座間味村觀鯨協會
ざまみむん市場 P.138
座間味港旅客待合所
座間味港

座間味村フェリー（座間味→阿嘉敷）

步行2分
0 ————— 160m
N

外自津留島
地自津留島
儀志布島
野崎

スン岬
大谷林道
西展望台
・国立沖縄青少年交流の家
Marine House P.141阿波連（集合地點）
P.142島むん 港待合所売店
・白玉之塔
恩納川ダム
渡嘉敷島
渡嘉敷港旅客待合所
渡嘉敷役場・渡嘉敷神社戸
渡嘉敷診療所
儀津崎
城島
渡嘉敷村フェリー（渡嘉敷→那霸）
長岬

TOKASHIKI
渡嘉敷村

惣慈坂岬
とかしくマリンビレッジ
渡嘉敷海灘 P.140
国立沖縄青少年交流の家海洋研修場
照山展望台
森林公園

位在阿波連海灘和渡嘉敷海灘的中間，能夠眺望著慶良間海峽眺望座間味村的3個島嶼

阿波連海灘 附錄 15
阿波連海灘
阿波連漁港

運瀬岩

展望台

阿波連園地

位在渡嘉敷島的最南端，是訪客稀少的秘境景點

ウン島
阿波連埼灯台
阿波連岬

TOKASHIKI
渡嘉敷村

阿波連小
Cafe島むん＋ P.143
SeaFriend P.140
海鮮居食屋 シーフレンド P.143
阿波連海灘 P.142
Octopus Garden P.142
Island's Trip P.141・142

阿波連漁港
步行分
N

AHAREN BEACH
阿波連海灘
周邊圖 ≫ 左圖

0 ————— 240m

C
D

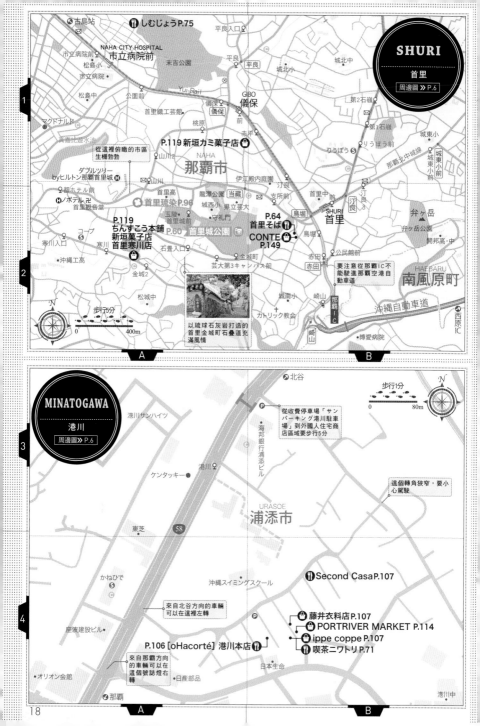

古島站
しむじょう P.75
平良入口
平良
NAHA CITY HOSPITAL
市立病院前
市立病院前
松島小
末吉公園
城北中
平良
城北小
第2石嶺
市立病院
公園前
Yui-Rail
GIBO
儀保
儀保
第1石嶺
松島中
マクドナルド
首里織工芸館
桃原
赤平
城東小
城東小前
河嘉比遊冰池
P.119 新垣カミ菓子店
りうぼう
りうぼう前
ダブルツリー
byヒルトン那覇首里城
山川2
NAHA
那覇市
那覇北中城線
城東小前
從這裡俯瞰的市區
生機勃勃
山川
伊江殿内庭園
汀良
都ホテル前
ノノホテル前
首里高
龍潭公園
当蔵
支所前
首里中
汀良
弁ヶ岳
首里観音堂
首里琉染 P.96
城西小
県立芸大
首里
弁ヶ岳公園
開邦高・中
コープ
玉陵
守礼門
SHURI
P.119
首里城站
P.64
鳥堀
寒川入口
ちんすこう本舗
首里城公園
首里そば
鳥堀
赤田
沖縄工高
新垣菓子店
首里寒川店
P.60
CONTE
P.149
公民館前
金城
芸大第3キャンパス前
赤田
要注意從那覇IC不
能駛進那覇空港自
動車道
南風原町
金城2
石畳入口
松城中
城南小
崎山
沖縄自動車道
N
步行5分
以琉球石灰岩打造的
首里金城町石畳道充
滿風情
ガトリック教会
那覇
IC
西原
IC
0
400m
崎山
博愛病院

北谷
N
步行1分
港川サンハイツ
P
從收費停車場「サン
パーキング港川駐車
場」到外國人住宅商
店區域要步行5分
海那銀行浦添ビル
0
80m
港川
這個轉角狭窄，要小
心駕駛
ケンタッキー
港川
URASOE
浦添市
東芝
58
Second Casa P.107
かねひで
沖縄スイミングスクール
藤井衣料店 P.107
來自北谷方向的車輛
可以在這裡左轉
PORTRIVER MARKET P.114
ippe coppe P.107
座波建設ビル
P.106 [oHacorté] 港川本店
喫茶ニワトリ P.71
來自那覇方向
的車輛可以在
這個號誌燈右
轉
オリオン会館
日産部品
日本生命
那覇
港川中

A   B

那霸機場指南

飛機抵達後在機場內要怎麼走，回程要在機場買什麼樣的伴手禮，一起來看看旅行前要知道的實用資訊！

剖面圖速覽

什麼是Yui-Rail？

連接那霸空港站和てだこ浦西站，全長17.0公里的沖繩都市單軌電車。從てだこ浦西站5時39分發車的首班車，到23時30分發車的末班車，班距約4～15分。 ≫ P.24

入境大廳在1樓

那霸機場 MAP 附錄 P.4 A-1
☎ 098-840-1179（綜合諮詢櫃臺）
♀ 那霸市鏡水150　P 2472輛

Yui-Rail連接通道

可以搭乘約40公尺的電動步道前進。上面有屋頂，下雨也可放心

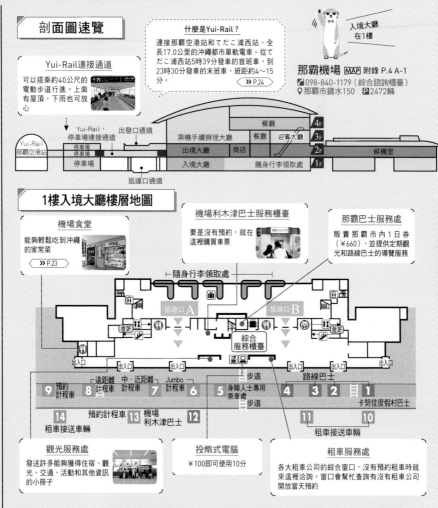

						餐廳			4F
Yui-Rail、停車場連接通道		出發口通道	乘機手續辦理大廳		餐廳	迎賓大廳			3F
Yui-Rail那霸空港站	停車場		出境大廳	商店				候機室	2F
	停車場		入境大廳		隨身行李領取處				1F
	停車場	抵達口通道							

1樓入境大廳樓層地圖

機場食堂

能夠輕鬆吃到沖繩的家常菜 ≫ P.23

機場利木津巴士服務櫃臺

要是沒有預約，就在這裡購買車票

那霸巴士服務處

販賣那霸市內1日券（¥660），並提供定期觀光和路線巴士的導覽服務

隨身行李領取處

抵達口 A　　抵達口 B

往2F　　往2F

綜合服務櫃臺

出入口　　出入口　　出入口　　　出入口　　出入口　　出入口

步道　　路線巴士

9 預約計程車　8 遠距離計程車　中・近距離計程車　7 Jumbo計程車　6　5 身障人士專用乘車處　步道　4 3 2 1 卡努住度假村巴士

14 預約計程車　13 機場利木津巴士　12　　11　10 租車接送車輛

租車接送車輛

觀光服務處

發送許多能夠獲得住宿、觀光、交通、活動和其他資訊的小冊子

投幣式電腦

¥100即可使用10分

租車服務處

各大租車公司的綜合窗口，沒有預約租車時就來這裡洽詢。窗口會幫忙查詢有沒有租車公司開放當天預約

---

7 8 計程車

前往宜野灣市和中城村以南要到中近距離乘車處，其他地方則要到遠距離乘車處。費用標準為起跳價（小型）¥560，到國際通約為¥1,400，到首里城公園約為¥2,200。

1 2 3 4 路線巴士

搭乘市外線者要前往起點那霸巴士總站，市內線的票價一律為¥240。1 是卡努住度假村巴士的起迄站。

12 機場利木津巴士

事先預約者可直接搭乘。假如沒有預約，則要在1樓抵達口中央附近的機場利木津巴士服務櫃臺購買車票，再前往乘車處。

10 11 14 租車 ≫ P.23

尋找預約的租車公司人員

要在租車接送處尋找預約好的租車公司招牌。只要將預約的姓名告知工作人員，就可以免費搭乘接送巴士移動到營業所，辦理租車手續。

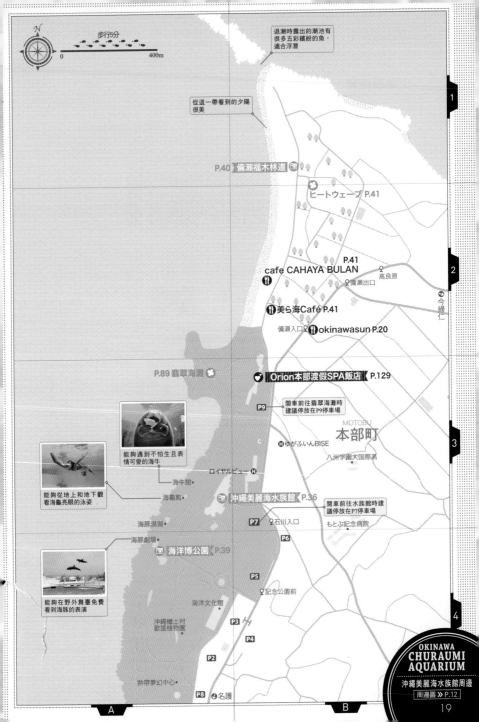

步行5分
0　　　　　　400m

N

退潮時露出的潮池有
很多五彩繽紛的魚，
適合浮潛

從這一帶看到的夕陽
很美

P.40 》備瀨福木林道

ヒートウェーブ P.41

cafe CAHAYA BULAN　P.41

備瀨出口　高良原

美ら海Café P.41

備瀨入口　okinawasun P.20

P.89 翡翠海灘

Orion本部渡假SPA飯店 》 P.129

P9　開車前往翡翠海灘時
建議停放在P9停車場

MOTOBU
本部町

ゆがふいんBISE

八洲學園大国際高

能夠遇到不怕生且表
情可愛的海牛

ロイヤルビュー H

能夠從地上和地下觀
看海龜亮眼的泳姿

海牛館•

海龜館•

沖繩美麗海水族館 P.36

開車前往水族館時建
議停放在P7停車場

P7　石川入口

もとぶ記念病院

海豚潟湖•

海豚劇場•

海洋博公園 P.39

P6

P5

記念公園前

能夠在野外舞臺免費
看到海豚的表演

海洋文化館•

P3

沖繩鄉土村
歌謠植物園

P4

P2

熱帶夢幻中心•

P8　名護

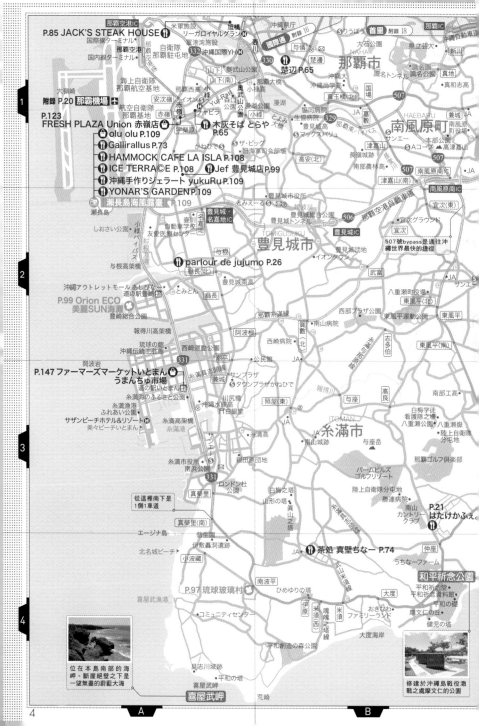

匯集「沖繩美麗海水族館」及其他設施的海洋博公園

沖繩本島最北端，絕景一望無盡的海岬。日文唸做「Hedomisaki」

邊戶岬

0　　　　　10km

N

伊是名島フェリー

山原國立公園

壯闊的山原森林一望無盡，棲息山原秧雞及其他稀有動物

P.91 Okuma海灘

国頭

ゆいゆい国頭

与那覇岳

沖繩本島的最高峰

沖繩美麗海水族館周邊　附錄 19

北部 附錄 12

古宇利島

今歸仁

今歸仁城跡

大宜味

海洋博公園

屋我地島

おおぎみ

瀬底島

本部

八重岳

東

名護

沖繩島

沖繩縣

名護灣

許田

許田

沖繩
海岸国定公園

宜野座

慶佐次海的紅樹林在沖繩本島首屈一指

萬座毛

伊芸SA

ぎのざ

金武

金武

金武灣

うるま

宮城島

平安座島

濱比嘉島

海中道路

連結勝連半島和平安座島的海中道路，全長約4.7公里

中部 附錄 8

津堅島

坐擁世界遺產「首里城跡」的首里城公園

久高島

久高島 附錄 5

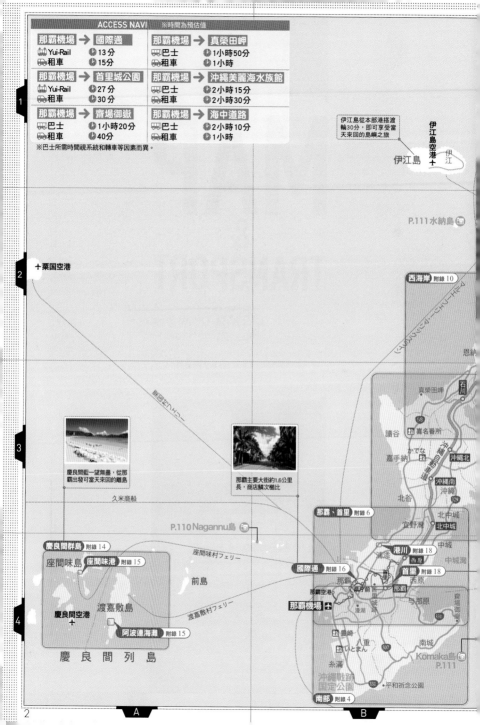

那霸機場 → 國際通		那霸機場 → 真榮田岬	
Yui-Rail	13分	巴士	1小時50分
租車	15分	租車	1小時

那霸機場 → 首里城公園		那霸機場 → 沖繩美麗海水族館	
Yui-Rail	27分	巴士	2小時15分
租車	30分	租車	2小時30分

那霸機場 → 齋場御嶽		那霸機場 → 海中道路	
巴士	1小時20分	巴士	2小時10分
租車	40分	租車	1小時

※巴士所需時間視系統和轉車等因素而異。

伊江島從本部港搭渡輪30分，即可享受當天來回的島嶼之旅

伊江島空港 ✈
伊江島
伊江

P.111水納島

✈ 粟国空港

西海岸 附錄10

恩納

真榮田岬
石川
讀谷
喜名番所
嘉手納
かでな
沖繩北
沖繩
沖繩南

慶良間藍一望無盡，從那霸出發可當天來回的離島

那霸主要大街約1.6公里長，商店鱗次櫛比

久米商船

P.110 Nagannu島

那霸、首里 附錄6

北中城
宜野灣
北中城
中城
港川 附錄18
香原
中城灣

慶良間群島 附錄14

座間味島
座間味港 附錄15

前島

座間味村フェリー

國際通 附錄16
首里 附錄18
西原
那霸空港
那霸
与那原
齋場御嶽

慶良間空港 ✈

渡嘉敷島

渡嘉敷村フェリー

阿波連海灘 附錄15

慶 良 間 列 島

那霸機場 ✈
豐崎
八重
いとまん

Komaka島
P.111

南城

糸滿

沖繩戰跡國定公園
平和祈念公園

南部 附錄4

A   B

2

COLOR+PLUS

OKINAWA
KERAMA ISLANDS

MAP
& TRANSPORT

I'll take you anywhere
you want!

icon

🍴…美食　　　📷…景點
🛍…購物　　　💗…療癒
🎨…體驗
🏪…便利商店　Ⓡ…餐廳　Ⓢ…超市

測量法に基づく国土地理院承認（使用）R 4JHs 19-136350　R 4JHs 20-136350　R 4JHs 21-136350　R 4JHs 23-136350